分県登山ガイド 16

新潟県の山

陶山 聡・石倉敏之・中田良一・高野邦夫・朝比奈信男
宮崎 研・水野泰一・桑原富雄
斉藤八朗／十日町おだまき山の会／三菱ガス化学山岳部 著

山と溪谷社

分県登山ガイド――16

新潟県の山

目次

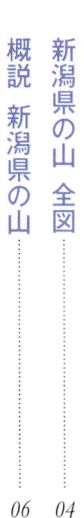

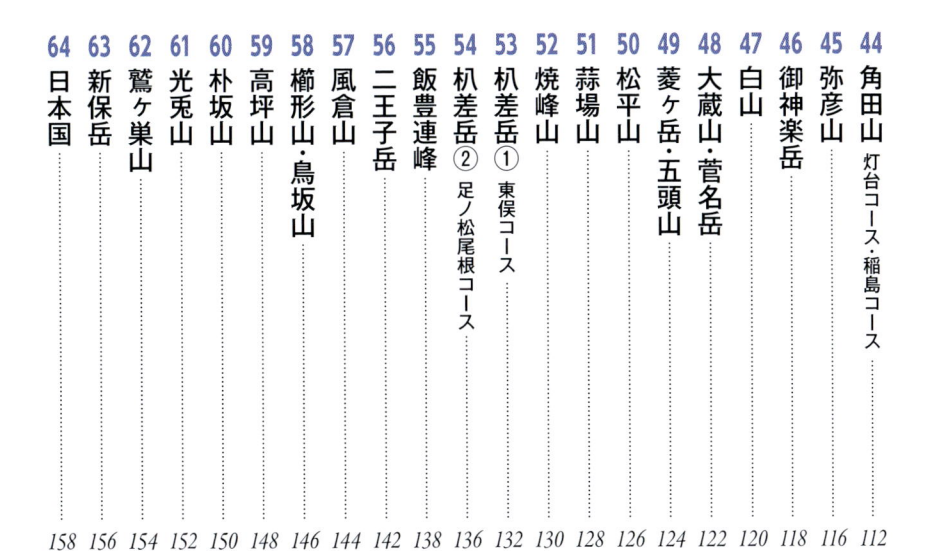

●本文地図主要凡例●

紹介するメインコース。

本文か脚注で紹介しているサブコース。一部、地図内でのみ紹介するコースもあります。

Start Goal Start Goal 225m
出発点／終着点／出発点・終着点の標高数値。

管理人在中の山小屋もしくは宿泊施設。

紹介するコースのコースタイムのポイントとなる山頂。

コースタイムのポイント。

管理人不在の山小屋もしくは避難小屋。

64 日本国
鶴岡市
月山
ふや
粟島
羽越本線
山形自動車道
月山IC
寒河江市
西川町
大江町
山形県
道の駅「笹川流れ」
63 新保岳
以東岳
道の駅「朝日」
朝日まほろばIC
大朝日岳
むらかみ
村上市
62 鷲ヶ巣山
白鷹町
やまがた
山形市
村上瀬波温泉IC
道の駅「神林」
道の駅「胎内」
59 高坪山
61 光兎山
60 朴坂山
神林岩船港IC
さかまち
関川村
長井市
上山市
南陽市
鳥坂山 58
米坂線
胎内市
なかじょう
中条IC
小国町
飯豊町
日本海東北自動車道
58 櫛形山
道の駅「関川」
川西町
聖籠新発田IC
聖籠町
道の駅「加治川」
57 風倉山
米沢市
新潟空港
新発田市
新潟市
にいがた
しばた
53 54 杁差岳
よねざわ
道の駅「新潟ふるさと村」
56 二王子岳
道の駅「豊栄」
新潟西IC
新潟空港IC
55 飯豊連峰
阿賀野市
飯豊山
道の駅「花の夢里にいつ」
すいばら
50 松平山
52 焼峰山
角田山
上越新幹線
新津IC
49 五頭山
51 蒜場山
道の駅「阿賀の里」
まき
弥彦村
五泉市
49 菱ヶ岳
48 菅名岳
弥彦山
三条市
田上町
ごせん
道の駅「みかわ」
東吾妻山
西会津町
喜多方市
北塩原村
檜原湖
加茂市
三川IC
48 大蔵山
阿賀町
きたかた
磐梯山
燕市
かも
会津坂下町
磐越西線
ひがしさんじょう
つばめさんじょう
47 白山
磐梯町
道の駅「庭園の郷保内」
磐越自動車道
猪苗代町
北陸自動車道
道の駅「燕三条地場産センター」
西会津IC
41 粟ヶ岳
46 御神楽岳
柳津町
見附市
あいづわかまつ
猪苗代湖
道の駅「漢学の里しただ」
三島町
道の駅「パティオにいがた」
会津若松市
道の駅「R290とちお」
会津美里町
ながおか
39 鋸山
40 守門岳
金山町
郡山市
道の駅「いりひろせ」
只見線
道の駅「ちぢみの里おぢや」
ただみ
会津鉄道
おおしらかわ
只見町
昭和村
堀之内IC
福島県
36 下権現堂山
37 38 浅草岳
35 唐松山
天栄村
魚沼市
下郷町
道の駅「ゆのたに」
会津朝日岳
東北新幹線
十日町市
小出IC
あいづたじま
南会津町
道の駅「越後川口」
関越自動車道
34 未丈ヶ岳
西郷村
30 越後駒ヶ岳
八海山 28 29
32 中ノ岳
那須岳
白河IC
白河市
33 荒沢岳
あいづこうげんおぜぐち
南魚沼市
道の駅「南魚沼」
32 丹後山
会津駒ヶ岳
檜枝岐村
むいかまち
27 金城山
那須IC
那須町
31 平ヶ岳
塩沢石打IC
26 巻機山
那須塩原市
湯沢町
燧ヶ岳
25 飯士山
湯沢IC
24 大源太山
尾瀬ヶ原
西那須野塩原IC
なすしおばら
至仏山
24 七ツ小屋山
大田原市
栃木県
道の駅「みつまた」
23 茂倉岳
谷川岳
どあい
矢板市
22 万太郎山
みなかみ町
みなかみ
片品村
男体山
21 平標山
21 仙ノ倉山
水上IC
矢板IC
稲包山
中禅寺湖
群馬県
日光市

新潟県の山 全図

▲①妙高山 本書で紹介する山名とコース番号
◎○ 市役所・町村役場
7 国道と国道ナンバー
高速道路・自動車専用道路
JR線
JR新幹線
私鉄線
N
1:1,000,000
0
30km
日本海
▲43金剛山
▲42金北山
道の駅「芸能とトキの里」
佐渡市
350
佐渡島
出雲崎
道の駅「越後出雲崎天領の里」
35
道の駅「西山ふるさと公苑」
刈羽村
柏崎市
かしわざき
道の駅「風の丘米山」
信越本線
米山IC
▲14米山
柿崎IC
353
252
道の駅「よしかわ杜氏の郷」
かきざき
刈羽黒姫山15▲
道の駅「じょんのび里高柳」
道の駅「瀬替えの郷せんだ」
249
珠洲市
石川県
能登町
道の駅「うみてらす名立」
上越高田IC
なおえつ
上越市
253
上越IC
北越急行ほくほく線
道の駅「マリンドリーム能生」
名立谷浜IC
8
えちごトキメキ鉄道 日本海ひすいライン
能生IC
北陸新幹線
たかだ
道の駅「まつだいふるさと会館」
道の駅「雪のふるさとやすづか」
353
13菱ヶ岳▲
405
道の駅「親不知ピアパーク」
糸魚川市
青田南葉山10▲
鉾ヶ岳11
糸魚川IC
いといがわ
▲11権現岳
妙高市
道の駅「あらい」
つなん
道の駅「越後市振の関」
親不知IC
白鳥山7
9黒姫山（青海黒姫山）
▲5駒ヶ岳
中郷IC
黒倉山12
飯山線
栄村
朝日町
鍋倉山12
野沢温泉村
入善町
富山湾
▲2火打山
戸倉山6▲
▲1妙高山
292
いいやま
小松原湿原19
黒部市
黒部IC
朝日IC
犬ヶ岳▲
くろべ
梅海新道8
雨飾山4
3金山
みょうこうこうげん
木島平村
魚津市
うなづきおんせん
▲朝日岳
148
飯山市
長野県
富山
滑川市
魚津IC
大糸線
信濃町
苗場山16 17 18
やま
富山市
白馬岳▲
小谷村
えちごトキメキ鉄道 妙高はねうまライン
18
富山県
しなの鉄道 北しなの線
山ノ内町
白馬村
飯綱町
中野市

概説　新潟県の山

新潟県は本州のほぼ中央に位置し、南北に長い海岸線で日本海に接している。47都道府県中では第5番目の広い面積を有す県であり、地理的な条件から上越《じょうえつ》、中越《ちゅうえつ》、下越《かえつ》、佐渡《さど》の4エリアに分けられる。南から富山県、長野県、群馬県、福島県、山形県に接し、北アルプス北延の山々、海谷山塊《うみたにさんかい》、妙高《みょうこう》連峰、上信国境の山々、上越国境の山々、飯豊《いいで》連峰、朝日《あさひ》連峰など、大半が峻険な山並みによって分けられている。これらの山々からは日本一の大河、信濃《しなの》川をはじめ、阿賀野《あがの》川、関《せき》川など、多くの河川が日本海に流れ下り、越後《えちご》平野や高田《たかだ》平野などは日本有数の米どころとして知られている。

本書ではこうした新潟県の地理的な要件から、「上越」「中越」「下越（佐渡を含む）」の3エリアに分け、全64山を収載した。人気山岳の多い山岳県だけに、選に漏れた山にも捨てがたい山がいくつもある。本書では初心者が登ることを念頭に、整備された夏山登山道があり、しっかりした準備、適切な登山時期と天候を選べば、比較的安全に登高できる山・コースを選んでいる。

●山々の特徴

●上越の山　このエリアの山は「頸城《くびき》山群」とよばれ、妙高連峰、海谷山塊、北アルプス北延の山など、特徴のある山が集まっている。

妙高連峰は、妙高山、火打山《ひうちやま》、焼山《やけやま》などからなり、頸城平野を流れ下る関川の源流に位置する。標高は2400㍍前後で、火山独特の山容に加え、山上の湿原に咲く高山植物が魅力だ。長野県北部山稜や日本海と海谷山塊など、南北に広がる景観も楽しめる。

海谷山塊は妙高連峰の西に連なり、日本海に達する山塊だ。本書では、雨飾山《あまかざりやま》、金山《かなやま》、駒《こま》ヶ岳《たけ》を紹介した。いずれもブナの原生林が残り、山頂からは間近に迫る北アルプスなどの展望が楽しめる。

北アルプス北延の山としては、北アルプス3000㍍峰と日本海をつなぐ栂海《つがみ》新道やその途上にある白鳥山《しらとりやま》も紹介している。

そのほか、長野県との県境となっている関田《せきた》山脈の黒倉山《くろくらやま》、鍋倉《なべくら》山《やま》、菱《ひし》ヶ岳《たけ》、あるいは、これらの山群に属さない独立峰の鉾《ほこ》ヶ岳《たけ》や権現岳《ごんげんだけ》、青田南葉山《あおたなんばさん》、黒姫山《くろひめやま》なども収載した。

●中越の山　本州の脊梁山脈の一部をなす谷川《たにがわ》連峰や巻機山《まきはたやま》とその周辺の山、苗場山《なえばさん》、小松原《こまつばら》湿原など上信越国境の山、会越《かいえつ》国境付近の浅草岳《あさくさだけ》、守門岳《すもんだけ》、未丈《みじょう》ヶ岳《たけ》、独自の山塊である越後三山の越後《えちご》駒《こま》ヶ岳《たけ》、八海山《はっかいさん》、中《なか》ノ岳《だけ》などを紹介

北アルプスの展望が開ける雨飾山山頂

盛夏の上越・天狗の庭から池塘越しに見る火打山

している。

谷川連峰の新潟県側は、魚野《うおの》川、清津《きよつ》川の源流域で、山上部はチシマザサに追われた緩傾斜の山稜がうねるように続いている。本書では平標山《たいらっぴょうやま》、仙《せん》ノ倉山《くらやま》、万太郎山《まんたろうやま》、茂倉岳《しげくらだけ》などを紹介している。いずれも夏の高山植物が豊富で、春の新緑から秋の紅葉まで楽しめる。

越後三山とその周辺の山々は、魚野川《うおのがわ》支流の三国《さぐり》川、佐梨《さなし》川、水無《みずなし》川、黒又《くろまた》川、只見《ただみ》川に囲まれた山域だ。わが国屈指の豪雪地帯であり、雪崩に磨かれた長大なスラブや容易に人を寄せつけない峻険な山々が多い。

とはいえ、いずれの山々も標高は1500～2000メートル前後で、日帰りできる山が多い。比較的アプローチしやすく、登山道も整備されていて、山スキーを含めて年間を通じて人気がある。

この山域は麓に豊富な温泉が湧き出し、よく知られた名刹や美術館が多い。山の帰りに立ち寄って、文化・歴史を堪能するのもよいだろう。

●下越の山　佐渡の山、川内《かわち》山塊の白山《はくさん》から県北の山までを「下越の山」として紹介した。

佐渡では大佐渡山地のほぼ中央に位置する最高峰の金北山《きんぼくさん》と、その北部に位置する金剛山《こんごうさん》に人気がある。

川内山塊の白山、大蔵山《おおくらやま》、菅名岳《すがなだけ》は奥深い山の魅力に満ちている。

五頭《ごず》連峰は越後平野に隣接して連なり、登山道がよく整備されて

秋たけなわの平ヶ岳・下台倉山の山稜

いる。

櫛形《くしがた》山脈は日本でいちばん小さい山脈として知られており、飯豊連峰、日本海、眼下の中条《なかじょう》市街や田園風景の眺望は圧巻だ。

飯豊連峰は新潟、山形、福島県境のスケールの大きな山地で、杁《えぶり》差岳《さしだけ》、北股岳《きたまただけ》、御西岳《おにしだけ》、最高峰の大日岳《だいにちだけ》、主峰・飯豊山の山々が連なっている。日本海からの季節風で積雪が多く、盛夏でも雪渓・雪田が残る。その前衛山塊である二《に》王子岳《のうじだけ》や蒜場山《ひるばやま》などは、高山植物や飯豊連峰の展望に恵まれた登山が楽しめる。

飯豊連峰・文平ノ池付近から見る紅葉の大日岳

●四季の魅力と心がまえ

●上越の山　4月下旬ごろになると、ようやく多くの山の雪解けがはじまる。黒倉山、鍋倉山の登山口がある関田《せきた》峠や、火打山登山口の笹《ささ》ヶ峰《みね》へ向かう道の除雪が終わるのは5月の連休明けから中旬。山麓ではミズバショウが咲き、ブナやダケカンバなどの木々も芽吹きはじめる。妙高山、火打山、雨飾山では7月半ばまで残雪があるので注意したい。
7月に入ると高層湿原の植物がいっせいに花開く。妙高山の岩場に咲くシャクナゲも捨てがたい。

紅葉は9月下旬から。海谷山塊のブナ林や北アルプス北延の山の紅葉もみごとだ。

●中越の山　5月連休のころは登山道のほとんどがまだ雪の下で、一般的な登山シーズンは5月中旬～6月にはじまるといってよい。雪の多い年は6月下旬にならないと入山できないこともある。
ブナは雪解けを待たずに芽吹きはじめ、コブシ、ムラサキヤシオ、シラネアオイ、オオイワカガミなども咲きはじめる。

盛夏には多くの登山者を迎え、9月に入ると標高の高いところから秋の気配が訪れる。10月下旬、美しかった紅葉が散ると登山シーズンもそろそろ終わりだ。標高１５００メートル以下の山でも11月初旬には降雪を見る。シーズン開始当初と、紅葉シーズンの末期には、道路状況を事前に確認して入山してほしい。また、急な天候の変化に対応できるよう、慎重な計画と充分な装備を整えることもたいせつだ。

●下越の山　飯豊連峰をはじめ、いずれの山々も、林道が開通してないと登山口まで入るのが困難だ。初夏には残雪と高山植物が楽しめ、盛夏でも雪が残っている。秋は稜線上の草紅葉と風雪に耐えた木々の紅葉が織りなす風景が見ごたえある。冬の訪れは早く、10

残雪の三国川渓谷沿いの道を丹後山に向かう

月中旬には積雪があるので入山には注意が必要だ。標高の高い山々は、春は残雪が多く、登山道を見失うことがあるので、無理な行動は避けること。山麓にはブナの森も多く、新緑から紅葉の季節まで楽しむことができる。

なお、いずれの山々もクマとの遭遇被害が報告されている。少人数で行動する場合は熊除けの鈴などを携行するなど、対策をとって、登山を楽しんでほしい。

苗場山頂上台地に広がる無数の池塘群。夏の高山植物、秋の草紅葉もすばらしい

本書の使い方

■日程　新潟市や上越市を起点に、アクセスを含めて、初級クラスの登山者を想定した日程としています。

■歩行時間　登山の初心者が無理なく歩ける時間を想定しています。ただし休憩時間は含みません。

■歩行距離　2万5000分ノ1地形図から算出したおおよその距離を紹介しています。

■累積標高差　2万5000分ノ1地形図から算出したおおよその数値を紹介しています。◢は登りの総和、◣は下りの総和です。

■技術度　5段階で技術度・危険度を示しています。は登山の初心者向きのコースで、比較的安全に歩けるコース。は中級以上の登山経験が必要で、一部に岩場やすべりやすい場所があるものの、滑落や落石、転落の危険度は低いコース。は読図力があり、岩場を登る基本技術を身につけた中～上級者向きで、ハシゴや鎖場など困難な岩場の通過があり、転落や滑落、落石の危険度があるコース。は登山に充分な経験があり、岩場や雪渓を安定して通過できる能力がある熟達者向き、危険度の高い鎖場や道の不明瞭なやぶがあるコース。は登山全般に高い技術と経験が必要で、岩場や急な雪渓など、緊張を強いられる危険箇所が長く続き、滑落や転落の危険が極めて高いコースを示します。『新潟県の山』の場合はが最高ランクになります。

■体力度　登山の消費エネルギー量を数値化することによって安全登山を提起する鹿屋体育大学・山本正嘉教授の研究成果をもとにランク付けしています。ランクは、①歩行時間、②歩行距離、③登りの累積標高差、④下りの累積標高差に一定の数値をかけ、その総和を求める「コース定数」に基づいて、10段階で示しています。が1、が2となります。通常、日帰りコースは「コース定数」が40以内で、～（1～3ランク）。激しい急坂や危険度の高いハシゴ場や鎖場などがあるコースは、これに～（1～2ランク）をプラスしています。また、山中泊するコースの場合は、「コース定数」が40以上となり、泊数に応じて～もしくはそれ以上がプラスされます。『新潟県の山』の場合はが最高ランクになります。紹介した「コース定数」は登山に必要なエネルギー量や水分補給量を算出することができるので、疲労の防止や熱中症予防に役立てることもできます。体力の消耗を防ぐには、下記の計算式で算出したエネルギー消費量（脱水量）の70～80パーセント程度を補給するとよいでしょう。なお、夏など、暑い時期には脱水量はもう少し大きくなります。

時間の要素　距離の要素　重さの要素

行動中のエネルギー消費量（kcal） ＝ 1.8×行動時間（h） ＋ （0.3×歩行距離（km） ＋ 10.0×上りの累積標高差（km） ＋ 0.6×下りの累積標高差（km）） × 体重（kg）＋ザック重量（kg）

＊kcalをmlに読み替えるとおおよその脱水量がわかります

山側の情報 ―「コース定数」　登山者側の情報

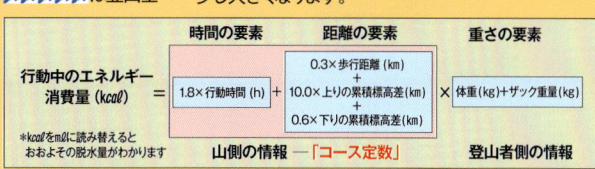

燕温泉から日帰りで行く越後の名峰

妙高山

みょうこうさん
2454m（南峰）（北峰＝2446m／1等三角点）

日帰り

歩行時間＝7時間20分
歩行距離＝11・2km

技術度
体力度

コース定数＝33
標高差＝1354m
累積標高差 1592m 1592m

燕登山道の登山口付近から望む妙高山本峰

北信《ほくしん》五岳の一山である妙高山は、馬蹄形カルデラの外輪山と中央火口丘からなる成層火山で、その秀麗な山容から「越後富士《えちごふじ》」ともいわれる名山だ。春先、「跳ね馬」とよばれる雪形が現れる神奈《かんな》山《さん》と衛兵の様を呈す前山《まえやま》、そして赤倉山《あかくらやま》、三田原山《みたはらやま》、大倉山《おおくらやま》などの外輪山に囲まれた山頂部は、三角点のある北峰（2446m《メートル》）と最高地点の南峰（2454m《メートル》）からなり、南北山頂間には、日本岩などの溶岩の奇岩を見ることができる。山頂からの展望も申し分なく、日本アルプスや遠く富士山を見わたしながら、この山の頂に立った感動を味わうことができる。

妙高山東面には複数の温泉地があり、それぞれから登山ルートがのびている。ここではそのうちのひとつ、燕《つばめ》温泉からの日帰りコースを紹介しよう。

燕温泉駐車場で身支度を整えたら、温泉旅館街へと上がっていく。旅館街坂道の途中に登山届のポストが設置されているので、必ず提出していこう。登山道入口の分岐点で左側にある階段を登る方向が燕登山道だ。

温泉街から北地獄谷《きたじごくだに》の湯道《ゆみち》分岐にいたるルートは、麻平《あさだいら》分岐を経

燕温泉旅館街の最上部に登山ポストがある

■鉄道・バス
往路・復路＝JR北陸新幹線上越妙高駅からえちごトキめき鉄道妙高はねうまラインに乗り換え、関山駅下車。市営バス約35分で燕温泉へ。

■マイカー
上信越自動車道妙高高原ICまたは中郷ICから国道18号経由、関山から燕温泉へ。

■登山適期
雪が消える7月から、紅葉が終わる10月いっぱいが一般的な登山シーズン。残雪の多い時は道迷いに注意。

■アドバイス
▽北地獄谷の登山道谷側は急峻な崖になっているのでくれぐれも注意。
▽燕温泉から妙高山への登山道には、紹介した燕登山道のほかにもうひとつ燕新道がある。往路と復路で別のルートを使えば、周遊コースとなる。ただし、燕新道の大倉沢徒渉点は、増水時には通行できない場合がある。また長助池分岐付近は残雪融水により、登山道が小さな沢のよ

燕新道の大倉沢徒渉点

妙高山山頂（北峰）からの眺め。向かって右から火打山、影火打、焼山

由して北地獄谷の北斜面を行く道と、旧燕温泉スキー場跡地のゲレンデ斜面を経て、そこから北地獄谷の温泉管理作業用の道を行く2つの方法がある。時間的には大差ないが、作業用に常時補修がなされている後者のルートをとった方が安全だ。ただし、整備されたりっぱなコンクリートの道とはいえ、谷側は崖になっているので注意は怠りなく。途中、温泉管理小屋があり、**水場**が設けられている。この先、水場はないので補給を忘れずに。

やがて右手前方に称明《しょうみょう》ノ滝、その下に光明《こうみょう》ノ滝が見えてくると道は本格的な登山道に変わる。ほどなく北地獄谷の右岸川辺に登り出て、左岸へ渡ると**湯道分岐**だ。ここで麻平分岐経由の北斜面の道が合流する。

湯道分岐から再び右岸に移り、岩道を進んでいくと、やがて**胸突き八丁**の急登がはじまる。北地獄谷上部から天狗堂まではいちだんと斜度がきつくなるので、歩幅を適度に保つことを意識しながら、うになることがあるなど、降雨量の多い時や残雪期は細心の注意と適切な判断が必要だ。

▽新赤倉から妙高高原スカイケーブルを利用し、大谷ヒュッテ経由で天狗堂に出て山頂を往復する新赤倉コースも人気の高いコースだ。妙高高原スカイケーブル利用時は、運行時間に注意し、余裕をもって山頂から下山しよう。

妙高高原スカイケーブル

■問合せ先
妙高市観光協会☎0255・86・3911、妙高市市営バス（妙高市環境生活課）☎0255・74・0032、高原タクシー関山営業所☎0255・82・4407（要予約）

■2万5000分ノ1地形図
妙高山・赤倉

＊コース図は16〜17㌻を参照。

妙高山南峰山頂。360度の大パノラマが広がる

ゆっくりと歩を進めていこう。急登を終えると平坦な広場の**天狗堂**《てんぐどう》に出て、新赤倉《しんあかくら》コースの大谷ヒュッテからの道と出合う。

天狗堂でひと息入れたら、いよいよ妙高山本峰への登りとなる。尾根道を進んでいくと、湿性地の**光善寺池**《こうぜんじ》、次いで岩の隙間から冷気が吹き出る**風穴**が現れる。ほてった体にひんやりとした空気が心地よい。

風穴をすぎると再びの急登となり、大きな樹木が途切れるころ**鎖場**がある。鎖とロープを補助にしてバランスを崩さぬよう、落ち着いて通過しよう。

鎖場を通過すると**南稜の肩**に出る。ここから妙高山山頂直下の岩稜帯を慎重に20分ほど登ると、妙高大神の石祠がある**妙高山南峰**に到着する。外輪山の三田原山、赤倉山を間近に、そして、火打山《ひうちやま》、焼山《やけやま》、北アルプス、八《やつ》ケ岳《たけ》、富士山と広がる大パノラマを満喫しよう。

南峰から三角点と山頂標識のある**北峰**までは10分とかからずに行くことができる。もちろん展望のよさは南峰と遜色ない。

下山は往路を戻るか、燕新道（脚注「アドバイス」参照）経由で燕温泉へ戻る。

（陶山　聡）

CHECK POINT

1 燕温泉駐車場（トイレあり）。左の奥が燕温泉の旅館街

2 温泉管理小屋の水場。赤倉温泉の源泉で、湯煙が上がっている

3 湯道分岐の手前で、称明ノ滝と光明ノ滝を見る。右上が称明ノ滝

4 胸突八丁。天狗堂までは急坂が続く

5 平坦な広場の天狗堂。新赤倉コースの大谷ヒュッテからの道が合流する

6 妙高本峰への登りを前に、ひと息入れるにはちょうどよい光善寺池

7 鎖場上部からの眺め。上部が南地獄谷。新緑や紅葉のスケール感がよい

8 妙高山北峰（2446㍍）の山頂。南峰山頂より広く、休憩しやすい

火打山

美しい円錐形の山容。夏は池塘に咲くハクサンコザクラが彩りをそえる

日帰り

ひうちやま
2462m

歩行時間＝8時間35分
歩行距離＝16・7km

技術度

体力度

コース定数＝**35**	
標高差＝1152m	
累積標高差	↗1397m ↘1397m

高谷池ヒュッテからの高谷池と火打山を望む

高谷池と高谷池ヒュッテ

豪雪で知られる頸城《くびき》山塊の最高峰・火打山は円錐状の美しい山で、夏は高山植物の宝庫、秋はダケカンバやナナカマドなどの紅葉がすばらしく、「日本百名山」「花の百名山」の一座に数えられている。

笹《ささ》ヶ峰《みね》の**登山口**には、大小2つの駐車場がある。シラカバやブナ林を左右に見ながら、整備された平坦な木道を行く。3つ、4つの小沢をすぎると、ブナの巨木が現れはじめ、左側から沢音が大きく響いてくると、最初の休憩地、**黒《くろ》沢《さわ》**は近い。

黒沢からは、本格的な登りとなり、文字通り**十二《じゅうに》曲《ま》がり**の急登をすぎ、大石の間を縫っていくとオオシラビソ林に出る。夏でも涼しく、樹木の香りが心地よい。木道を登りきり、石の多い沢状の道をつめると**富士《ふじ》見平《みだいら》**の分岐に着く。

富士見平からは、黒沢岳《くろさわだけ》の西斜面を巻く道で、ダケカンバの幹やネマガリダケの枯れ枝がさえぎり、歩きにくいところがある。ササ原に出ると、高谷《こうや》池《いけ》までわずかだ。**高谷池ヒュッテ**は三角屋根が印象

ワタスゲの穂が揺れる天狗の庭の池塘群と火打山

的で、正面に火打山が望める。

高谷池から少し登ると、ロックガーデンに出る。このあたりは高山植物が遅くまで咲き、秋の紅葉の時期は雲上の庭園となる。緩やかに下ると、夏は残雪の火打山を背景にハクサンコザクラやワタスゲなどの高山植物が咲き乱れる楽園、**天狗の庭**だ。

稜線に出て、ダケカンバが印象的なガレ場をすぎると、遅くまで残雪がある**雷鳥平**《らいちょうだいら》に着く。ライチョウの生息するハイマツ帯をすぎ、夏にはキンポウゲやウサギギクの群落を見ながら、急な木道を登りきると待望の**火打山**山頂だ。

山頂はわりと広く、360度の展望はすばらしい。日本海、北アルプス、富士山を遠くに望み、雄大な妙高山《みょうこうさん》、噴気を上げる荒々しい焼山《やけやま》が大迫力で眼前に迫る。

下山は往路を戻る。（石倉敏之）

■鉄道・バス

往路・復路＝えちごトキめき鉄道・しなの鉄道の妙高高原駅から頸南バスの笹ヶ峰直行バス（7～10月の季

↑天狗の庭に咲くハクサンコザクラ。近年は花の数が減少している

←山頂直下の木道で出会ったライチョウ

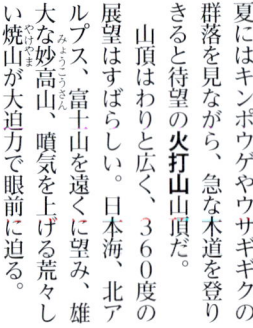

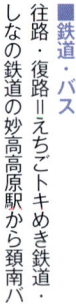

CHECK POINT

1 笹ヶ峰登山口。駐車は30台程度。キャンプ場にも大きな駐車場がある

2 歩きはじめて30分ほどで、ブナの巨木が現れる

3 黒沢。1995年の水害で荒れてしまったが、岩のコケも回復しつつある

4 十二曲がりのはじまり。ここから急登が続く

5 十二曲がり上部の尾根に出る

6 富士見平。左は高谷池、右は黒沢池を経て妙高山にいたる

7 池塘が広がる高谷池越しに妙高山（左上部）を望む

8 天狗の庭手前のロックガーデン。前方の火打山を目指す

9 池塘とお花畑が美しい天狗の庭。木道が続いている

10 撮影スポットの天狗の庭から火打山を望む

11 雷鳥平。8月中旬まで残雪がある

12 周囲の展望がすばらしい火打山山頂。とりわけ噴気を上げる焼山が印象的

節運行）で約50分。直行バスの運行期間外はタクシー利用となる。

■マイカー
上信越自動車道妙高高原ICから杉野沢経由（県道、妙高高原線）で笹ヶ峰まで約35分。

■登山適期
5月下旬～10月下旬。天狗の庭のハクサンコザクラは7月上旬。紅葉は9月下旬から見ごろを迎える。

■アドバイス
▽コース全般に木道が整備され歩きやすい。
▽6月中旬まで残雪が多く、十二曲がり上のシラビソ林が迷いやすい。黒沢岳の西斜面を巻く道も、5月の残雪期には滑落に注意。
▽10月初旬には初雪が降る年もある。防寒対策をして登りたい。
▽01妙高山（10㌻）への縦走は高谷池ヒュッテか黒沢池ヒュッテを利用する1泊2日の行程となる。
▽高谷池ヒュッテは2019年に増築され、定員80名に増員されている。
▽妙高高原周辺には7つの温泉があり、疲れをいやすのには最適だ。

■問合せ先
妙高市観光協会☎0255・86・3911、頸南バス☎0255・72・3139、高原タクシー☎0255・86・3141

■2万5000分ノ1地形図
湯川内・火打山

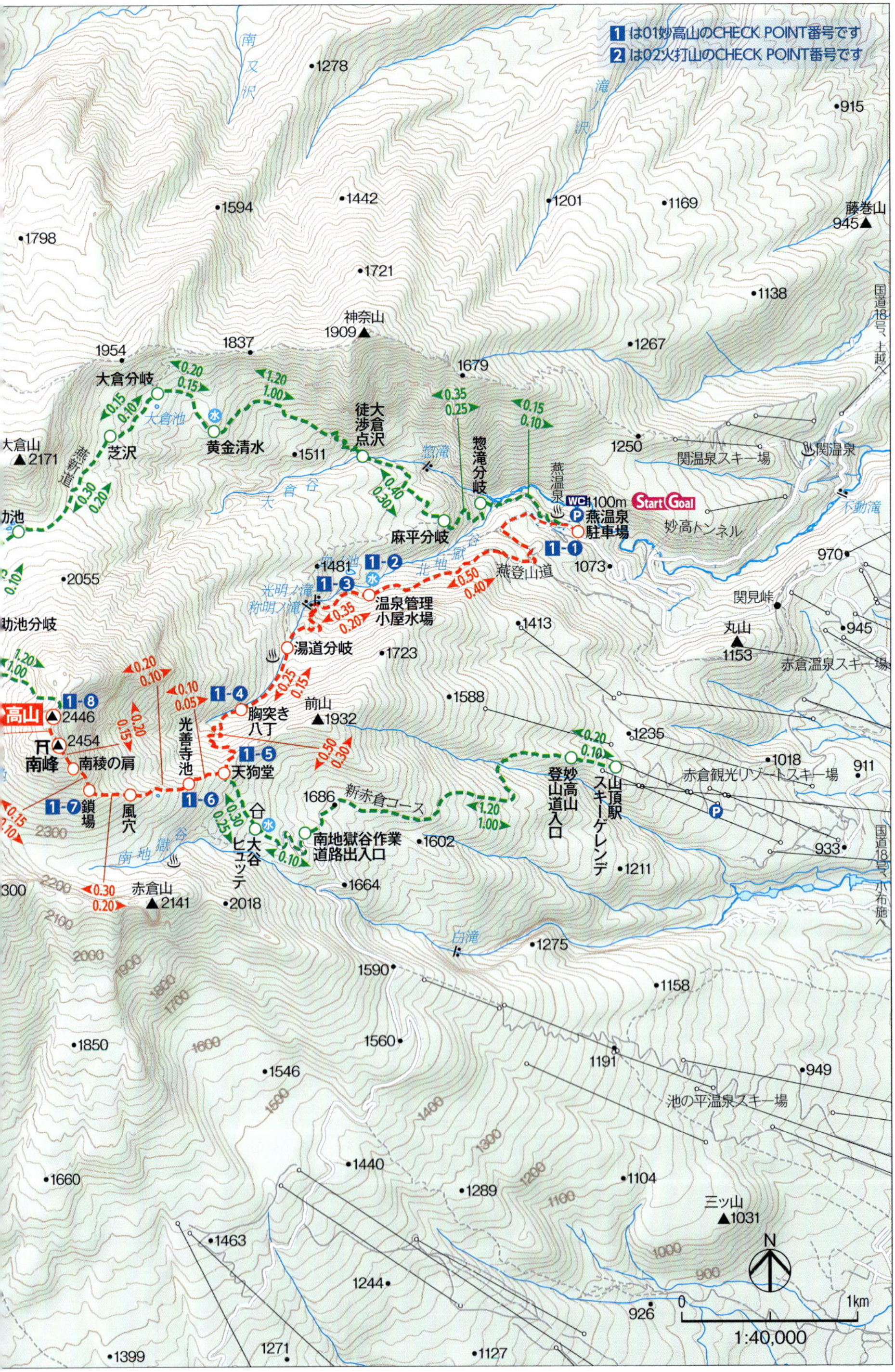
1 は01妙高山のCHECK POINT番号です
2 は02火打山のCHECK POINT番号です
南又沢
1278
915
滝ノ沢
1594
1442
1201
1169
藤巻山
945
1798
1721
1138
国道18号 上越へ
神奈山
1909
1954
1837
1267
1679
大倉分岐
0.20
0.15
1.20
1.00
0.35
0.25
0.15
0.10
大倉池
黄金清水
徒渉点
大倉沢
1511
惣滝
惣滝分岐
燕温泉
1250
関温泉スキー場
関温泉
大倉山
2171
芝沢
燕新道
0.30
0.20
大倉谷
0.40
0.30
1100m
Start Goal
燕温泉駐車場
妙高トンネル
不動滝
麻平分岐
1-1
1073
970
1481
1-2
北地獄谷
燕登山道
0.50
0.40
光明ノ滝
称明ノ滝
1-3
温泉管理小屋水場
0.35
0.20
2055
関見峠
1413
丸山
1153
945
赤倉温泉スキー場
湯道分岐
1723
1.20
1.00
0.20
0.10
0.10
0.05
1-4
0.25
0.15
1588
1-8
高山
2446
光善寺池
胸突き八丁
前山
1932
2454
0.15
0.20
0.20
1235
南峰
南稜の肩
1-5
0.50
0.30
1018
911
天狗堂
0.10
赤倉観光リゾートスキー場
1-7
鎖場
風穴
1-6
1686
新赤倉コース
妙高山登山道入口
山頂駅
スキーゲレンデ
1.20
1.00
0.30
0.25
大谷ヒュッテ
南地獄谷作業道路出入口
1602
933
0.15
0.10
2300
南地獄谷
0.10
1211
国道18号 小布施へ
300
2200
0.30
0.20
赤倉山
2141
2018
1664
2100
白滝
1275
2000
1900
1800
1700
1590
1158
1850
1600
1560
1191
949
1546
1500
1400
池の平温泉スキー場
1300
1440
1660
1289
1200
1104
1100
三ツ山
1031
1463
1000
N
900
1244
926
0
1km
1:40,000
1399
1271
1127

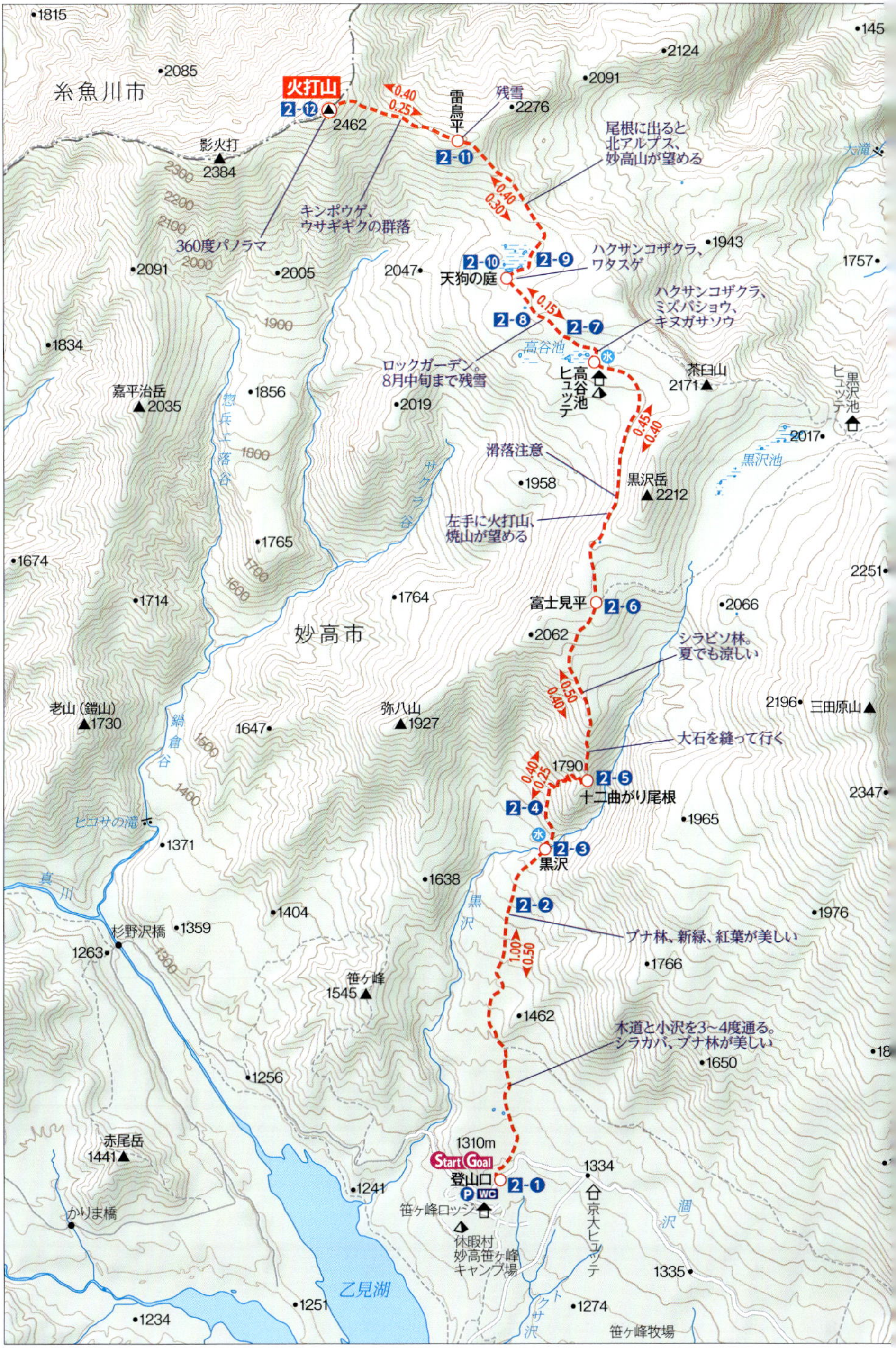

火打山
2462
雷鳥平
残雪
影火打
2384
糸魚川市
尾根に出ると
北アルプス、
妙高山が望める
キンポウゲ、
ウサギギクの群落
360度パノラマ
天狗の庭
ハクサンコザクラ、
ワタスゲ
ハクサンコザクラ、
ミズバショウ、
キヌガサソウ
高谷池
高谷池ヒュッテ
ロックガーデン。
8月中旬まで残雪
茶臼山
2171
黒沢池ヒュッテ
黒沢池
嘉平治岳
2035
惣兵エ落谷
サクラ谷
滑落注意
黒沢岳
2212
左手に火打山、
焼山が望める
富士見平
妙高市
シラビソ林。
夏でも涼しい
老山（鎧山）
1730
弥八山
1927
三田原山
大石を縫って行く
1790
十二曲がり尾根
鍋倉谷
ヒコサの滝
黒沢
真川
杉野沢橋
ブナ林、新緑、紅葉が美しい
笹ヶ峰
1545
木道と小沢を3～4度通る。
シラカバ、ブナ林が美しい
赤尾岳
1441
1310m
Start Goal
登山口
笹ヶ峰ロッジ
休暇村
妙高笹ヶ峰
キャンプ場
京大ヒュッテ
かりま橋
乙見湖
笹ヶ峰牧場

03

妙高連峰の最深部。高山植物が咲き競う静寂な山上の楽園

金山

かなやま
2245m

日帰り

歩行時間＝7時間45分
歩行距離＝10・8㎞

技術度
体力度

コース定数＝30

標高差＝1005m

累積標高差 ↗1205m ↘1205m

天狗原山から金山を望む

草紅葉の金山から望む焼山、火打山

金山は妙高《みょうこう》連峰の焼山《やけやま》と雨飾《あまかざり》山《やま》の中間にあって、頸城《くびき》山地の最深部に位置している。「日本百名山」で有名な妙高山《みょうこうさん》や火打山《ひうちやま》のにぎわいに比べて、近年訪れる人が多くなったとはいえ、山小屋がないことや交通の不便さも加わり、今も静寂が保たれている。

このコースのハイライトは7月中旬から8月下旬まで咲き誇る神《かみ》の田圃《たんぼ》一帯のお花畑で、斜面が高山植物で埋めつくされる。秋の紅葉や、金山稜線から望む迫力ある焼山、火打山もすばらしい。

登山口は小谷《おたり》温泉を起点にするのが一般的である。ブナタテ尾根から天狗原山《てんぐはらやま》を経て金山山頂へのコースだ。アプローチは小谷温泉から徒歩または車となる。徒歩の場合、雨飾荘の手前に分岐点がある。右の笹《ささ》ヶ峰《みね》林道を1時間以上歩く。やがて**金山・天狗原山登山道**の標柱が左脇に見える。ここからブナ林をジグザグに登っていく。

道はいったん平坦になり、小さな湿地を越え、急坂を登りきると**水場**のある台地に着く。秋には涸れることがあるので注意。ここでのどをうるおし、ひと息入れよう。再び展望のないブナ林を進むと緩やかな尾根上に出る。樹林帯の木の根がからむ緩い登りが1741《メートル》ピークまで続く。ここからは、

■**鉄道・バス**
往路・復路＝JR大糸線中土駅または南小谷駅から村営バス雨飾高原行きに乗り、終点下車。

■**マイカー**
長野自動車道安曇野ICから国道147号、国道148号を経由、小谷温泉口を右折し、登山口へ。または、北陸自動車道糸魚川ICから国道148号を経て、小谷温泉口を左折。登山口に6台ほどの駐車スペースがある。

■**登山適期**
7～10月。妙高連峰の中でも最も雪が多く、遅くまで残雪がある。稜線のお花畑を楽しめる7月中旬から、紅葉の9月下旬～10月中旬が最適期。

■**アドバイス**
▽マイカーで笹ヶ峰～小谷温泉を利用する場合は、通行止めになることがあるので事前に妙高市農林課（☎0255・74・0029）、小谷村観光振興課農林係（☎0261・82・2588）に確認のこと。
▽バス利用の場合、アプローチが長いため小谷温泉に前泊、早朝出発をすすめる。
▽紹介コース上に山小屋、避難小屋はなく、トイレは小谷温泉以外ない。
▽水場は水量が少なく雪渓が消える秋には涸れることがある。
▽残雪時は道迷いに注意が必要。
▽雨飾荘付近の車道脇に露天風呂が

高妻山《たかつまやま》、乙妻山《おとつまやま》、眼下には笹ヶ峰に抜ける林道を望むことができる。

　いったん下り、急坂を登ると、登山道は薄暗く狭い沢になる。湿っていてすべりやすいので注意しよう。沢道を抜けるとやがてミズバショウの葉の茂る湿地帯になり、**ガレの斜面**が広がる。登山道は左を巻いている。ロープもついているが、足もとが不安定なので注意しよう。この場所はお花畑になっている。北アルプスの眺めもよく、ガレを登りきったところで休憩しよう。オオシラビソの林の中に、木々の間から雨飾山の白い布団菱《ふとんびし》の岩壁が望まれる。

　登山道の両側がネマガリダケとなり、緩やかな斜面を登ると、前方が急に開け、天狗原山の草原に出る。眼下に乙見湖《おとみ》が見え、登山道脇には小さな石仏がある。この一帯もお花畑で、ミヤマキンバイ、チングルマなどが咲き、休憩ポイントである。

　草原状の稜線を進むと**天狗原山**山頂の標柱があるが、三角点は低いやぶに隠れていて判然としない。

　天狗原山の肩から40㍍ほど急斜面を下ると、金山谷の源頭に着く。浸食のため道が崩れた斜面があるので、注意して横切ろう。涸れ沢を登れば、「神の田圃」とよばれる湿地帯に出る。イブキトラノオ、ハクサンフウロなどの高山植物が一面に咲き誇る。

　金山までは草原状の裏金山谷斜面を横切るように道は続く。**金山**山頂からは間近に焼山、火打山が広がり、妙高山が小さく見える。遠くには北アルプスも眺望できる。

　下山は往路を戻る。（中田良一）

あり下山後の汗が流せる。
■問合せ先
小谷村観光連盟☎0261・82・2233、アルピコ交通白馬営業所☎0261・72・3155、小谷観光タクシー☎0261・82・2045
■2万5000分ノ1地形図
妙高山

CHECK POINT

小谷温泉から笹ヶ峰に抜ける林道の駐車場からすぐにある金山登山口

足場の悪いガレ場を登りきると眼前に北アルプスが広がる

お花畑を楽しみながら稜線を歩くと、天狗原山山頂に着く

焼山、火打山を背に金山山頂。山頂は雨飾山方面、焼山方面（入山規制あり）への分岐点である

04 天上の楽園と山頂の大パノラマ

雨飾山

あまかざりやま
1963m

歩行時間＝6時間50分
歩行距離＝6・0km

日帰り

技術度 ▲▲▲△△
体力度 ●●○○○

コース定数＝**26**

標高差＝1083m

累積標高差 ↗1155m ↘1155m

根知谷入口から大糸線の列車越しに望む雨飾山（右奥）

雨飾山は、どこから見ても美しいピラミダルな山容で、コースの出発点が温泉であることも人気の要因だ。山頂直下の笹平《ささだいら》に広がるのびやかなササ原、屹立した山頂からの日本海や息を呑むような絶景もこの山の魅力を増している。

北陸自動車道糸魚川《いといがわ》ICを出て、国道148号を松本《まつもと》方面へ約8キロの根知谷《ねちだに》入口信号を左折、約5キロでシーサイドバレースキー場前を通る。ここから「雨飾山」の案内看板を見て山寺《やまでら》橋を左折、約7キロで登山口の**雨飾山荘**に着く。左に鬼《おに》ヶ面山《つらやま》、駒《こま》ヶ岳《たけ》の山肌を見ながらの道だが、カーブが多く道幅も狭いので注意していこう。山荘直下に駐車場がある。山荘には温泉があるので夏場は大勢の人が利用している。山荘広場からは海谷《うみだに》の山々が広がり、深山の雰囲気が漂って気持が落ち着く場所だ。

登山道は山荘の露天風呂（都忘《みやこわす》れの湯）の裏手からはじまる。約20分ほど急登が続くので、焦らずゆっくり登ろう。薬師《やくし》尾根に着くと、背後に海谷山塊の鋸岳《のこぎりだけ》の鋭い山頂が樹間に見える。20分もすると最初のハシゴが出てくる。振り返ると鋸岳や鬼ヶ面山がよく見える。大きな杉の木を見て進むとアルミのハシゴがあり、登りきると「一ぷく処」に着く。秋には紅葉が美しいところだ。

ブナに混ざってダケカンバが目立つようになると、ほぼ山頂との中間点。道は左へ巻くようになり、やがて**中ノ池**に着く。初夏にはミズバショウが咲き、ひとときの楽園になる。

ここから再び急登となり、薄暗い沢状のガラ場を登る。足もとが悪いので注意しながら登っていくと、休憩地へ出る。椅子のような

露天風呂の都忘れの湯入口

■鉄道・バス
往路・復路＝JR北陸新幹線糸魚川駅から路線バス根知線の別所行きに乗り、山口バス停下車。

■マイカー
北陸自動車道糸魚川ICから国道148号で根知谷へ入り、雨飾山荘まで。30台程度駐車可能。

■登山適期
6月下旬～10月。

■アドバイス
▽糸魚川側は雨飾温泉、小谷側は小谷温泉があり、疲れをいやすのによい。
▽糸魚川側は水場がないので注意したい。
▽傾斜がきついので残雪期は注意。
▽7月から10月まで、糸魚川駅より雨飾山荘まで小型バスの運行があ

岩があり、ひと息入れるにはちょうどよい。鋸岳や鬼ヶ面山が眼下に見えるようになってくる。

やがて視界が開けてくると**笹平**に着く。左手から小谷《おたり》温泉コースと合流し、気持ちのよい草原を行く。笹平はお花畑の中に道が続く。右手眼下に海谷の山々が広がり、その向こうには日本海も見える。時間があれば、小谷コース側へ少し戻ると、背後に北アルプスをしたがえた雨飾山と笹平の大パノラマを楽しむことができる。

山頂は天に向かってせり上がっている。ジグザグに最後の急坂をすぎれば**雨飾山**山頂だ。足もとには可憐な高山植物が咲き、疲れをいやしてくれる。

下山は往路を戻り、都忘れの湯に浸かり、山旅のフィナーレとしよう。

（高野邦夫）

る。予約制。

■問合せ先

糸魚川市観光協会☎025・555・7344、糸魚川バス☎025・552・0180、糸魚川タクシー☎025・552・0818

■2万5000分ノ1地形図

雨飾山

雨飾山山頂から北アルプスを見る

CHECK POINT

1 起点となる雨飾山荘。前夜泊して翌日の急登に備えるとよい

2 薬師尾根から海谷山塊の鋸岳、鬼ヶ面山を振り返る

3 ほぼ中間点にあたる中ノ池。急登を前にして休んでいこう

4 小谷側に少し寄り道すると笹平と雨飾山山頂の展望が楽しめる

5 山頂から笹平を俯瞰。トレイルが「女神の横顔」として人気をよんでいる

6 すばらしい展望が広がる雨飾山山頂。なかでも北アルプスの山並みが印象的

＊コース図は24～25㌻を参照。

05 急登の上には美しいブナ林

駒ヶ岳

こまがたけ
1487m

日帰り

歩行時間＝5時間40分
歩行距離＝5・5km

技術度
体力度

コース定数＝**20**	
標高差＝787m	
累積標高差	↗815m ↘815m

国道8号の姫川《ひめかわ》付近から見ると、雨飾山《あまかざりやま》の左に大きなテーブルマウンテンのように見える山が駒ヶ岳である。南側と西側に大岩壁をもち、冬期には巨大な大つらら（地元では「カネコロン」とよぶ）ができる。頂稜一帯はブナ林が広がる魅力たっぷりの山だ。

↑テーブル状の山容が特徴的な駒ヶ岳

←駒ヶ岳山頂から見た雨飾山

コースは根知谷《ねちだに》からと海谷《うみだに》からの道があるが、ここでは海谷コースを紹介しよう。国道8号の糸魚《いとい》川《がわ》ヒスイ海岸より西押上《にしおしあげ》の信号を「海谷渓谷」の看板に導かれて進むこと約18㌔で**海谷三峡《さんきょう》パーク**の広い駐車場に着く。よく整備されたキャンプ地だ。眼前に千丈《せんじょう》ヶ岳《たけ》の岩壁を見ることができる。登山道は駐車場の入口にある。

登山口から15分も行くと個人管理の駒ヶ岳ロッジがある。少し行くと小沢に出て、これに沿って道は続く。途中で小沢から離れ、高度を上げるとハシゴがある。注意して登り、さらに急な登りをすぎるとテラスに出る。紅葉が美しいところだ。

小休止したら少し下り、すぐに登り返すと左にハシゴがあり、急

■**鉄道・バス**
往路・復路＝JR北陸新幹線糸魚川駅から路線バス西海線来海沢行きに乗り、終点下車。
■**マイカー**
北陸自動車道糸魚川IC出口を右折し海岸線の国道8号に出て右折し、西押上信号から海谷渓谷へ向かって進み、三峡パークまで。北陸自動車道能生ICからでもよい。
■**登山適期**
6～10月。
■**アドバイス**
▽11月になるとハシゴは撤去される。
▽海谷渓谷散策や塩の道、白池、戸倉山などを楽しむのもよい。
■**問合せ先**
糸魚川市観光協会☎025・555・7344、糸魚川バス☎025・

駒ヶ岳ロッジ。「山頂まで165分」の表示がある

登になる。混雑時には前の人の靴裏を見て登るような急登の連続だ。しばらく進むとしだいに傾斜が緩くなり、静かなブナ林へ入っていく。

ブナ林の道の中間点にブナの泉がある。ブナの森の恵みだ。乾いたのどをうるおしていこう。

やがて尾根に出ると、左手に海谷山塊の阿弥陀山《あみだやま》が美しく見える。しばらくすると根知谷コースと合流し、小さな祠が祀られた**駒ケ岳**山頂に着く。雨飾山が目の前に見える。荒々しい鬼ヶ面山《おにつらやま》も迫力満点で大きく見える。山頂付近では黄色いイカリソウを見ることができる。なお、この先の鬼ヶ面山、鋸岳《のこぎりだけ》の縦走路は、急峻な地形で危険箇所が多く、健脚向きのコースとなるので、初心者は立ち入らないこと。

552・0180
■2万5000分ノ1地形図
越後大野

下山は往路を戻る。下山後、海谷渓谷へ立ち寄れば、いっそう充実した山行となるだろう。

（高野邦夫）

駒ヶ岳山頂付近より鬼ヶ面山を見る

CHECK POINT

1 海谷三峡パーク駐車場。整備されたキャンプ場がある

2 急な第一のハシゴを登る。この先はさらに急坂が続く

3 第一のハシゴを越え、急坂を行くとテラスがある

4 第二のハシゴを登る。ここからブナ林まで急坂が続く

5 ブナの泉を経て山頂へ。貴重な山の清水でのどをうるおしていこう

6 小さな祠が祀られた駒ヶ岳山頂。鬼ヶ面山の荒々しい山容が印象的だ

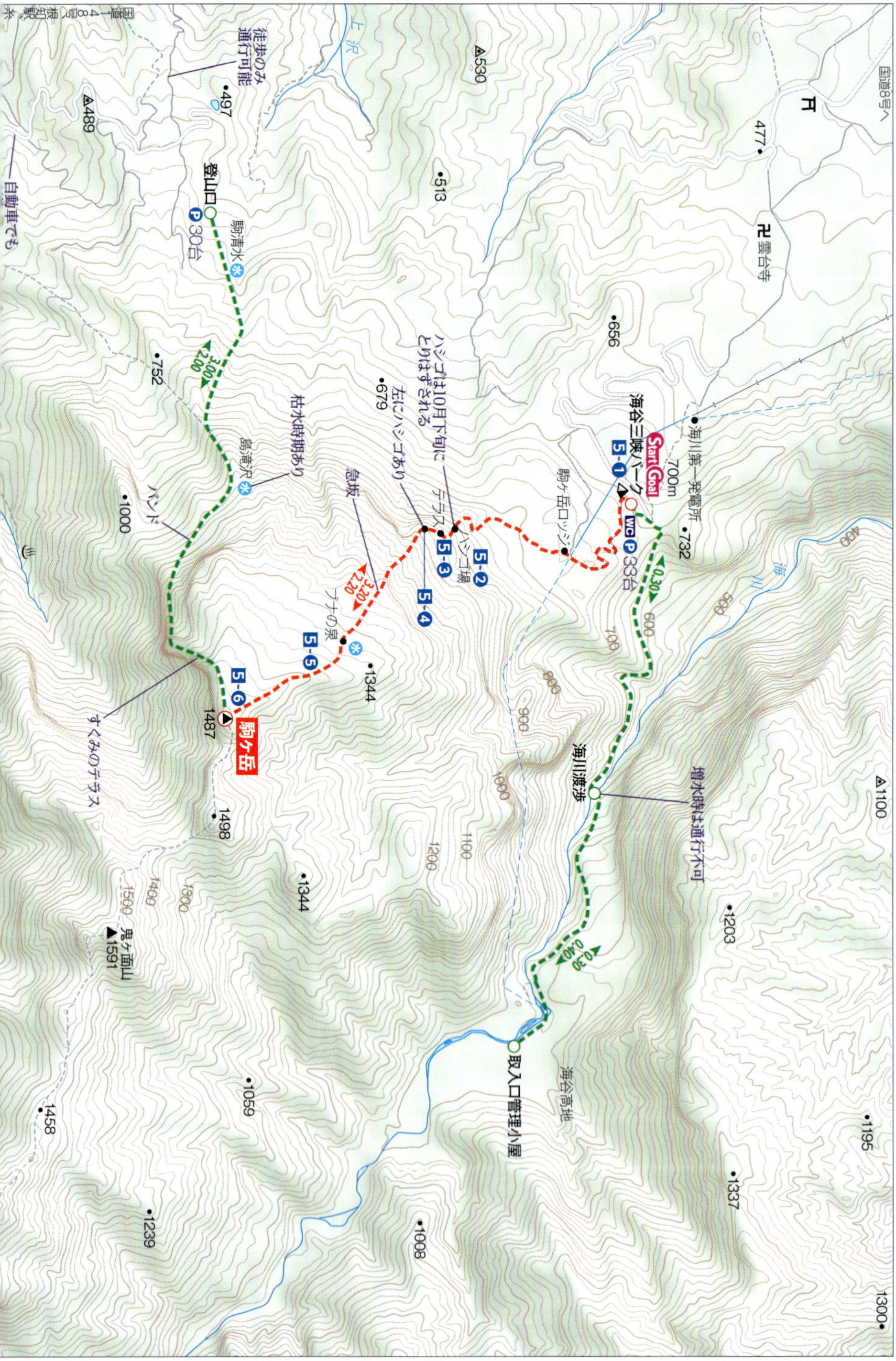

国道8号へ
477
卍雲台寺
656
海川第一発電所
海谷三峡パーク
700m
Start Goal
5-1
732
駒ヶ岳ロッジ
WC P 33台
0:30
海川
海川渡渉
増水時は通行不可
1100
1203
0:40
0:30
取入口管理小屋
海谷高地
1195
1337
1300
1008
1059
1239
1458
鬼ヶ面山
1591
1344
1498
駒ヶ岳
1487
5-6
すくみのテラス
5-5
ブナの泉
1344
3:20
2:20
急坂
5-4
5-3
5-2
ハシゴ場
テラス
左にハシゴあり
ハシゴは10月下旬にとりはずされる
679
513
530
上沢
497
徒歩のみ通行可能
489
自動車でも
登山口
P 30台
駒清水
3:00
2:00
752
枯水時期あり
バンド
1000

4 は04雨飾山のCHECK POINT番号です
5 は05駒ヶ岳のCHECK POINT番号です
1:30,000
0
500m
N
長野県
小谷村
新潟県
糸魚川市
北小谷
大久保
中股
梶山
中股沢
未舗装
登山者名簿記入
雨飾温泉
雨飾山荘
880m
Start Goal
30台
神難所沢
鉱泉倉沢
薬師尾根
急な尾根道
最初のハシゴ
長いハシゴ
一ぷく処
中ノ池
急坂
沢状のガラ場
椅子のような岩
笹平
山頂、笹平の ビューポイント
360度の展望
雨飾山
大曲
急坂・ロープ多数
最低鞍部
小谷温泉へ
1963
1894
1842
1673
1472
1309
1151
1044
1652
1290
989
803
628
418
483
539
679
709
694
704
1024
1193
1122
891
1606
1426
1471
1838
1448
3:00
1:40
1:00
0:30
0:25
0:15

↑北尾根より戸倉山を見る

←白池と雨飾山の絶景

06

歴史の道と大展望を楽しむ

戸倉山

とぐらやま
976m

日帰り

歩行時間=2時間35分
歩行距離=3.5km

技術度

体力度

コース定数=**10**

標高差=421m

累積標高差 380m 380m

昔の交易路「塩の道」のたたずまい、白池《しろいけ》に映える雨飾山《あまかざりやま》の絶景、のみこまれるような山頂の大展望と、標高こそ1000メートルに満たないが、戸倉山はほかに類を見ないほどの魅力を秘めた山である。

北陸自動車道糸魚川《いといがわ》ICを出て、国道148号を松本《まつもと》方面へ約8キロで根知谷《ねちだに》入口の信号だ。ここを左折し「しろ池の森」の道標を見ながら5キロほど行くと、シーサイドバレースキー場になる。ここに塩の道温泉があるので帰路に立ち寄るとよい。

「雨飾山」の看板を左に見て直進、道なりに10分ほどで**原の館**《はらのやかた》の駐車場に着く。ここから白池《しろいけ》まで約20分。**白池**にはあずまやトイレが設置され、ゆっくりと風景を堪能できる。東には容姿端麗な雨飾山が、その左側には海谷《うみだに》山塊の鋸岳《のこぎりだけ》、鬼《おに》ヶ面山《つらやま》、そして駒《こま》ヶ岳《たけ》が美しく望める絶好の地だ。西には目指す戸倉山が大きく迫る。

しばらく塩の道を行くと、1861(文久元)年8月に建てられたという道標がある。その昔、信州の人たちは海を見るためにここまでやって来たのだそうだ。かつては茶屋があり、往来する人も多かったのだろう。

美しいブナ林になると**角間池**《かくまいけ》に着く。ここにもトイレがある。残雪期には新緑が美しく水面に映え、秋はさわやかな空気の中、紅葉を楽しむことができる。

■**鉄道・バス**
往路・復路=JR北陸新幹線糸魚川駅から路線バス根知線の別所行きに乗り、終点下車。

■**マイカー**
北陸自動車道糸魚川ICから国道148号を進み根知谷入口を左折、道なりに原の館駐車場まで。

■**登山適期**
5~10月。

■**アドバイス**
▽塩の道資料館から白池まで山々を見ながらハイキングするのもよい。春はミズバショウが咲き、雄大な景色を楽しめる。
▽白池と角間池はトンボの生息地としても知られる。

■**問合せ先**
糸魚川市観光協会☎025・555・7344、糸魚川タクシー☎025・552・0818、根知地区公民館(塩の道の情報)☎025・558・2002

■**2万5000分ノ1地形図**
越後大野・雨飾山

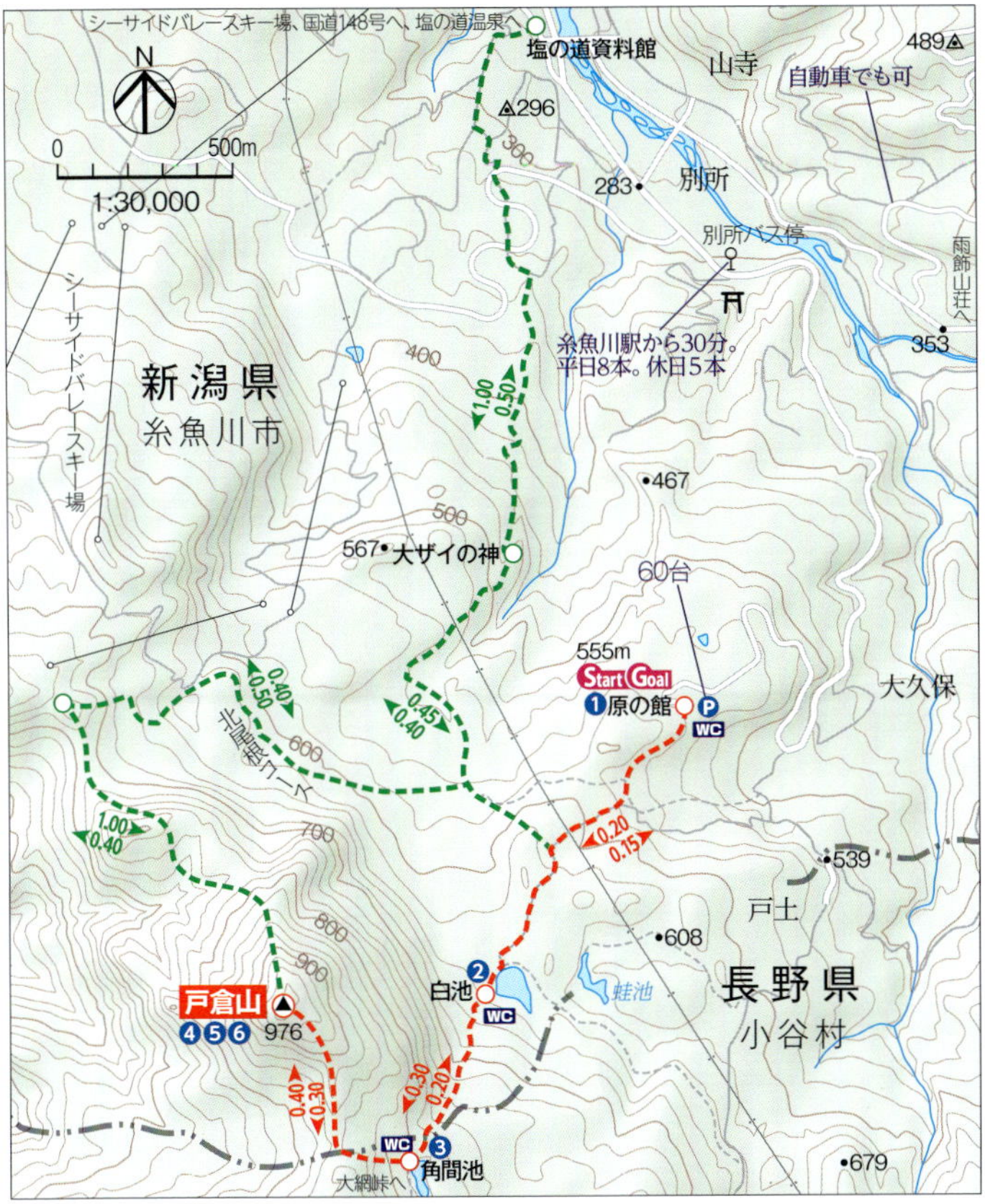

ブナの林の中を登るとやがて稜線に出る。左手には北アルプスが望める。春には足もとに数々の花が咲き乱れ、歓迎してくれる。右手にはピラミダルな雨飾山が全貌を見せている。

角間池から40分ほどで**戸倉山**山頂に立つ。山頂に樹木はなく、360度さえぎるものはない絶景が広がる。

下山は来た道を白池へ戻るか、急傾斜の北尾根コースを下り、ブナ林を抜けて駐車場へ戻ることもできる。

（高野邦夫）

CHECK POINT

1

出発地点の原の館。白池までは20分ほど車道を行く

2

白池の畔に建つトイレ（手前）と休憩舎。自然の風景の中で休んでいこう

3

春の角間池。新緑が水面に映って美しい場所だ

4

360度さえぎるもののない戸倉山山頂は展望が楽しみ

5

残雪期の戸倉山山頂。北アルプスが一望できる

6

山頂からは北の眼下に日本海もよく見える

07

山姥の伝説が残る北アルプス北延の1000メートル峰

白鳥山

しらとりやま
1287m

日帰り

歩行時間＝4時間55分
歩行距離＝6.0km

技術度 1/5
体力度 1/5

コース定数	＝18
標高差	＝693m
累積標高差	↗740m ↘740m

↑犬ヶ岳直下にある栂海山荘から見た白鳥山。山頂に白鳥小屋が建っている

←白鳥小屋から見た春スキーで人気の北尾根。右は黒姫山

白鳥山は富山県との県境にあり、白鳥の羽ばたく姿とか、残雪模様が白鳥に似ていることからこの名がつけられたといわれている。

栂海《つがみ》新道の開通によって無積雪期にも容易に登れるようになった山で、1991（平成3）年、山頂に白鳥小舎が建てられ、さらに地元有志によって山姥洞《やまんばどう》経由の登山道が伐開されるなど、いまでは四季を通して親しまれている。登山口となる坂《さか》田《た》峠は、親不知《おやしらず》海岸線が荒れて通れないときに利用された、上路《あげろ》集落と橋立金山《はしだてきんざん》を結ぶ山廻り旧北陸街道の一角にあたる。

坂田峠の駐車場を出て、金時坂《きんときざか》を300メートルほど登ると**金時**

■**鉄道・バス**
往路・復路＝JR北陸新幹線糸魚川駅が最寄り駅。バス便はないので、タクシーを利用して坂田峠に向かう。

■**マイカー**
国道8号を西進、道の駅「越後市振の関」をすぎ、境橋西詰めで左折して県道115号に入り、境川左岸沿いを上路（あげろ）集落を経て林道大平線から金山道に分岐して坂田峠へ。

■**登山シーズン**
3～4月は北東斜面の山姥平で春スキーが楽しめる。5月下旬～11月ごろまで登られるが、10月下旬の紅葉が特によい。また5月下旬の栂海新道・白鳥山山開きのころは、タムシバの白花並木とカタクリの紫花で飾られ、登山者を楽しませてくれる。

■**アドバイス**
▽登山コースは坂田峠と山姥洞口があるが、一般に坂田峠からの利用者が多い。山姥洞コースは整備されていないため、少々歩きづらい。なお、林道は雨で不通になることも多いので、コースに入る場合は、事前に確認してほしい。
▽坂田峠は越中越後の山廻り旧街道沿いにあり、橋山金山最盛の明治後期までにぎわっていた。
▽水場は金時坂を登ったところにあるシキワリ1箇所のみ。
▽親不知から栂海新道経由の縦走者も多い。

坂ノ頭《かしら》に出る。続いて平坦なブナ林となり、2つの沢を横切ったところが**シキワリの水場**だ。充分に水を確保したら尾根に取り付き、ブナ、ミズナラ、マンサク、ウダイカンバなどの広葉樹林の繁る山姥平の緩やかな地形を行く。

やがて右から**山姥道に合流**する。行く手の頂上に続く緩い北東尾根は、春スキーの絶好のゲレンデとして人気があり、5月下旬になると、タムシバ並木が続く登山道沿い一面にカタクリが咲き乱れ、みごとだ。

山頂近くはブナ優生林となるが、まれに北アルプス最北のオオシラビソや、積雪に耐えた天然杉の老木が見られる。やがて樹間から海と山の展望が開けてくると、すぐに**白鳥山**山頂に登り着く。頂上に建つ白鳥小屋の屋根に展望台があり、栂海新道南延稜の先に広がる日本海の碧い海原を見晴らし、振り返ると剱《つるぎ》・立山《たてやま》連峰、戸《と》隠《がくし》連峰から頸城《くびき》アルプス、黒姫山《くろひめやま》の全容を満喫できる。そして夜になれば日本海に浮かぶ漁り火の灯りがこの山の魅力をいっそう増してくれる。

下山は往路を戻る。

（斉藤八朗・校閲＝靍本修一）

CHECK POINT

栂海新道と旧街道が交わる坂田峠。駐車場からは車道を右の登山道へ

急登の金時坂はハシゴ場が連続する。マイペースで登っていこう

金時坂から緩く下っていった鞍部にあるシキワリの水場

白鳥山山頂に建つ白鳥小屋。屋上に展望台がある

■問合せ先
糸魚川市役所青海事務所☎025・562・2260、親不知観光ホテル☎025・562・3005、糸魚川タクシー☎025・552・0818、白鳥小屋https://tsugami.info（栂海岳友会）

■2万5000分ノ1地形図
親不知

↑照葉ノ池から蓮華山群を遠望する

←池塘の発達する黒岩平の高層湿原を経て、非対称山稜を犬ヶ岳へ向かう

08

栂海新道

つがみしんどう

日本海に没する北アルプス北延の長大な稜線を走破する

二泊三日

第1日　歩行時間＝7時間40分　歩行距離＝12.0km
第2日　歩行時間＝9時間20分　歩行距離＝14.0km
第3日　歩行時間＝8時間40分　歩行距離＝14.0km

技術度
体力度

コース定数＝**90**

標高差＝948m

累積標高差 ↗2890m ↘4360m

栂海新道は、北アルプス後立山《うしろたてやま》連峰の朝日岳《あさひだけ》から日本海の親不知《おやしらず》にいたる総延長27キロの長大な縦走路で、1971（昭和46）年、アルプスと日本海をつなぐ道として地元のさわがに山岳会により開削された。その際に、ツガの樹林を抜けて日本海に達することから「栂海」と名づけられている。

1894（明治27）年、W・ウエストンは栂海新道の海側登山口がある親不知の断崖に立って、「当地が日本アルプスの起点」であるといっている。とはいえ、当時の登山道は朝日岳が終着点だった。それが、栂海新道の開通により、槍《やり》・穂高《ほたか》連峰の標高3000メートルから0メートルにいたるアルプスの完全縦走が可能となった。朝日岳を起点に、2泊3日の大縦走に挑戦して

■鉄道・バス
往路＝JR平岩駅から糸魚川バスで約1時間、蓮華温泉バス停で下車。復路＝下山口の親不知観光ホテルからのバス便はないため、JR北陸新幹線糸魚川駅までタクシーを利用する。ホテルに宿泊した場合は親不知駅まで送迎バスが利用できる。

■マイカー
縦走登山のためマイカーは不向き。

■登山シーズン
小屋泊りの場合は、朝日小屋が営業している6月下旬～10月中旬までがよい。紅葉は10月中旬ごろが最適だが、標高によって変わる。

■アドバイス
▽朝日小屋は食事付きで利用できるが、栂海山荘は無人小屋で、食糧や寝具が必要。充分な水も確保して出かけたい。小屋ではマットと毛布が利用できる。
▽全コース27キロ強の健脚向きコース。危険箇所はないが、サワガニ山の先に一部迂回路があり通行に注意。
▽途中で中俣新道をエスケープルートとすることもできるが、連絡可能地点まで5時間かかることを承知しておくこと。
▽アヤメ平、黒岩平のお花畑は7月下旬～8月中旬ごろが最適。
▽水場は蓮華温泉と朝日小屋、黒岩平、北又ノ水場、黄蓮ノ水、シキワリにある。

犬ヶ岳山頂から雲上の白鳥山（左）を遠望する。右上は黒姫山、赤い屋根の栂海山荘も見える

みよう。

第1日　朝日岳へは富山県側からは北又《きたまた》小屋、新潟県側からは蓮華《れんげ》温泉、長野県側からは白馬岳《しろうまだけ》をそれぞれ起点とする3コースがある。ここでは蓮華温泉から五輪《ごりん》尾根を登り、朝日岳山頂を目指してみよう。

蓮華温泉から兵馬《へいま》ノ平《たいら》を経て瀬《せ》戸《と》川、続いて白高地《しらこうち》沢を渡り、五輪尾根を登って**朝日岳**へ。一帯はウルップソウやユキワリコザクラなど、蛇紋岩特有の珍しい高山植物が見られる。山頂から西へ50分ほど下ったところに**朝日小屋**がある。

第2日　**朝日岳**に登り返し、蛇紋岩帯の東斜面を下り、前日通った蓮華温泉への分岐である**千代ノ吹上**《ちよのふきあげ》から日本海への長大な縦走路がはじまる。分岐には栂海新道開通記念の案内板が立ち、岩に「日本海」を示す赤文字が描かれている。

オオシラビソやコメツガのトンネルを抜け、草原に出ると、遅くまで雪渓を残す照葉《てるは》ノ池がある。北に方向を変えて樹林を抜けると、風衝周氷河地形の長栂山《ながつがやま》だ。続く**アヤメ平**は湿性植物の宝庫で、まさに百花繚乱の桃源郷を思わせる。

草原と樹林帯を繰り返しながら進むと黒岩平《くろいわだいら》水場の休憩所に着く。チングルマ、ミズバショウ、ヒオウギアヤメ、リュウキンカな

■問合せ先
糸川市役所青海事務所☎025・562・2260、朝日小屋☎0765・83・2319、栂海山荘・白鳥小屋https://tsugami.info（栂海岳友会）、親不知観光ホテル☎025・562・3005、糸魚川タクシー☎025・552・0818

■2万5000分ノ1地形図
白馬岳・黒薙温泉・小川温泉・親不知

万葉ノ池

どの群落を抜けると**黒岩山**《くろいわやま》だ。地形は非対称の細い山稜に変わり、**サワガニ山**を通過すると崩落箇所の迂回路がある。その先の北又ノ水場で宿泊用の水を充分確保しておこう。**犬**《いぬ》**ヶ岳**《たけ》は栂海新道の中間点で、展望もよく、北側直下に栂海山荘の赤い屋根が見える。

第3日　栂海山荘直下でタカネマツムシソウ、イワオトギリ、シラネアオイなどの高山植物を堪能したら、やがてブナを主体とした樹林帯に入る。黄蓮山《おうれんやま》のブナ原生林を経て黄蓮乗越《おうれんのっこし》へ。ここで東側の谷に下りたところに黄蓮の水場がある。貴重な水場なので、充分に補給していこう。鞍部から登り返すと、近くでアンモナイトの化石が見つかったことから「菊石」の名がついた**菊石山**《きくいしやま》だ。下駒《しもこま》ヶ岳《たけ》から白鳥山への登りでは、注意して登ると植物化石を見つけることができるかもしれない。

白鳥山は北アルプス最北の1000㍍峰で、山頂に白鳥小屋が建っている。歩いてきた道を振り返り、目指す日本海を眺めるなどして、しばらくは休んでいこう。山《やま》姥平《うばだいら》から金時坂《きんときざか》を下ると**坂田**《さかた》**峠**に下り立つ。林道を横断して**尻高**《しりたか》**山**《やま》、二本松《にほんまつ》峠、入道山《にゅうどうやま》を経て国道8号の栂海新道登山口へ。さらに親不知観光ホテル前から親不知の日本海に下ったところが、長大な縦走の終着地・**栂海新道起点**だ。

（斉藤八朗・校閲＝靏本修一）

5月下旬、白鳥山山頂から県境稜線縦走路の先に朝日岳方面の山並みを望む

CHECK POINT

1 分岐の吹上のコル。岩に「栂海 日本海」の文字が描かれている

2 第1日目の宿となる朝日小屋。背後の山は朝日岳

3 縦走路の貴重な水場となる北又ノ水場。ここで水を確保して栂海山荘へ

4 犬ヶ岳山頂下にある栂海山荘。栂海新道縦走の要衝だ

5 山廻り旧北陸街道跡の坂田峠。ここから尻高山に登り返し、親不知へ

6 栂海新道縦走路のゴール。眼下に日本海が広がる

日本海
0m Goal
日本海・栂海新道起点 6
親不知観光ホテル
栂海新道登山口
親不知IC
北陸自動車道
親不知駅
道の駅「親不知ピアパーク」
えちごトキメキ鉄道日本海ひすいライン
JR北陸新幹線
糸魚川IC
青海駅へ
権現山
大沢
1:120,000
0
2km
入道山
二本松峠
尻高山
坂田峠 5
金時坂
シキワリ
山姥ノ洞
鳥居杉
山姥平
白鳥山
白鳥小屋
下駒ヶ岳
菊石山
アンモナイト（菊石）が発見されたことが山名の由来
黄蓮ノ水
黄蓮山
栂海山荘 4
犬ヶ岳
北又ノ水場 3
栂海新道
一部迂回路あり。通行注意
サワガニ山
黒岩山
黒岩平
アヤメ平
長栂山
白高地
照葉ノ池
千代ノ吹上 1
朝日岳
朝日小屋 2
前朝日
水谷のコル
五輪山
五輪高原
五輪尾根
花園三角点
丸木橋
ヒョウタン池
兵馬ノ平
1470m
Start
蓮華温泉
雪倉岳、白馬岳へ
赤男山
富山県
朝日町
新潟県
糸魚川市
初雪山
定倉山
イブリ山
横山
高山
麻尾山
大平峠
橋立
グリーンパーク親不知
金山精錬所跡
黒姫山
千丈峰
マイコミ平
穴見山
一本松山
明星山
横前倉山
ヨシオ山
村杉山
源太夫山
柴倉山
松尾山
赤禿山
中俣山
長栂発電所
中俣新道
聖山
木地屋
黒負山（黒倉山）
丸倉山
大前山
ヒワ平
大所川第一発電所
梅平
ヤッホー平
小川温泉元湯へ
国道148号平岩へ
泊、宮崎へ

青海須沢・ヒスイ海岸から望む黒姫山北東面

09

全山石灰岩からなる北アルプス最北端の独立峰

黒姫山（青海黒姫山）

くろひめやま（おうみくろひめやま）
1222m（1等三角点）

日帰り

歩行時間＝6時間35分
歩行距離＝11・5km

技術度 ▲▲▲△△
体力度 ♥♥♡♡♡

コース定数＝31
標高差＝1135m
累積標高差 ↗1480m ↘1480m

白鳥山山頂から見る日の出を迎えた黒姫山

青海《おうみ》の黒姫山は、日本海岸より南西約4キロに位置する飛騨《ひだ》山脈最北部の山で、海からいっきにそびえ立つ全山石灰岩からなる独立峰である。黒姫石灰岩は、日本海側最大の埋蔵量を誇り、セメントなどの化学工業の原料として利用されている。地質的には古生代石炭紀からペルム紀に属し、3億年前のサンゴやフズリナなど古生物の化石も産出されている。日本最大級の鍾乳洞や山岳カルストともいわれる溶蝕地形が発達していて、日本最深の洞窟群が未開発のまま残されている。

登山道は鉱山道と清水倉《しみずくら》道の2コースがあって、大半、鉱山道が利用されてきた。しかしこの道は通行止めになっているため、再整備された清水倉道を登ることにしよう。清水倉橋を渡ると左にリサイクル工場があり、その向かいの**駐車場**から歩きはじめる。すぐに左の斜面に登山口の表示があり、杉林の山道に入る

標高400メートルの一本杉峠をす

■鉄道・バス
往路・復路＝JR北陸新幹線糸魚川駅が最寄り駅。利用できるバス便はないので、タクシーを利用して登山口へ。

■マイカー
国道8号を青海事務所前の交差点でえちごトキめき鉄道日本海ひすいライン青海駅方面に入り、県道155号を南進、清水倉で青海川を渡ったところに登山者用の広い駐車場がある。糸魚川駅からは約12・5キロ。

■登山シーズン
4月20日に地元の山神祭が行われる。登山適期は6～11月だが、夏季は登山者が少なく、多くの登山者でにぎわうのは紅葉の10月下旬。

■アドバイス
▽紹介コース唯一の水場である金木平はキタゴヨウマツの大木が目印となる。夏場は涸れることもある。
▽石灰岩地帯なので岩塊や浮石が多く、特に下山時は足もとに注意が必要だ。
▽マイコミ平洞窟群の見学は定期的に催行されているツアーへ参加するとよい。詳細は糸魚川市観光協会へ。
▽各所に溶蝕地形が発達しているので、カルスト現象が見物できる。

マイコミ平
千里洞縦穴

ぎ、さらに急坂が続くが、「夫婦縄文杉」「子宝杉」などと書かれた案内板や赤布などの目印が豊富で、安心して歩ける。石灰岩の露出した北面を横切ると、キタゴヨウマツの大木が立つ平坦な**金木平**となる。登山道唯一の水場だ。標高800㍍の案内板が場所を示してくれる。

急坂が続き、ロープが下がる岩場を乗り越すと平坦な沢筋に出る。しばらくは足もとの悪い、すべりやすい急坂を登りきると、通行止めとなった**鉱山道と出合う**。

両道の出合から直登すると、頂上からのびる西稜のピークだ。いっきに展望が開け、石灰岩の露出した岩稜を行くとすぐに**黒姫山**の頂上に着く。1等三角点補点で、黒姫権現を祀る大きな祠があり、南西に白馬岳《しろうまだけ》から日本海に達する栂海《つがみ》新道の山並みが一望できる。岩場にはツゲが繁り、好石灰性の希少種であるイチョウシダやクモノスシダも見られ、イブキジャコウソウやタカネバラ、イワユリ、ハクサンシャジンなどの高山植物も点在している。

下山は往路を戻ることにしよう。

（斉藤八朗・校閲＝靏本修一）

■問合せ先
糸魚川市役所青海事務所☎025・562・2260、中央タクシー☎025・552・1213、糸魚川タクシー☎025・552・0818

■2万5000分ノ1地形図
小滝・糸魚川

CHECK POINT

1 清水倉橋で青海川を渡ったところにある登山者用駐車場が出発点

2 駐車場のすぐ先にある黒姫山登山道入口。左から右に山腹を登る

3 清水倉道の途中にある金木平の水場

4 山頂には黒姫権現の祠がある

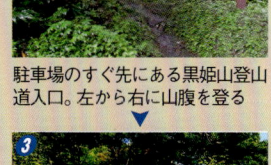

10 日本有数の穀倉地帯を眺め、市民いこいの山を周遊

青田南葉山

あおたなんばさん
949m

日帰り

歩行時間＝3時間30分
歩行距離＝6.5km

技術度
体力度

コース定数＝**14**	
標高差＝463m	
累積標高差	↗566m ↘566m

↑麓から見た青田南葉山

←見晴らし台から高田平野を一望する

南葉山は、妙高山《みょうこうさん》、火打山《ひうちやま》、新潟焼山《にいがたやけやま》の連なる頸城《くびき》連峰の基盤と同じ中新世中期～後期のころの深海に堆積した数千メートルもの厚みをもつ砂岩泥岩互層（難波山層）と貫入岩で形成され、その姿は豪雪の土地柄、長年の浸食により穏やかな山容をしている。

「南葉山に3度雪が積もると里にも雪が降る」――麓に住む人々にとって毎日ふと見ては、季節を感じ、天気を占い、そして山菜採りに足を運ぶ、身近な山である。また北部の中ノ俣《なかのまた》や桑取谷《くわとりだに》地区の田畑をうるおす川の源流部に位置し、頂上には（南の方角にある）「葉山」（端山）として、南葉大明神が祀られている信仰の山でもある。

南葉山は北から青田南葉山、猿《さる》掛山《かけやま》、籠町《かごまち》南葉山、五日市《いつかいち》南葉山、猪ノ山《いのやま》南葉山と呼称される南葉山塊をなし、縦走も可能だ。ここでは施設の整った南葉高原キャンプ場から青田南葉山を目指し、木落《きおと》し坂コースから明神沢《みょうじんざわ》コースをめぐるコースを紹介しよう。

南葉高原キャンプ場の管理棟近くの案内板をすぎると、まもなく分岐があり、まずは木落し坂コースに向かう。歩きはじめはなだらかだが、道は風化した泥岩質ですべりやすいので、気をつけよう。

四合目からしだいに急坂となるが、沿道には季節により、ショウジョウバカマ、オオイワカガミ、サンカヨウ、ササユリ、シラネアオイなどの花が目を楽しませてくれる。

ほどよく刻まれたステップを登っていくと水場（延命清水《えんめいしみず》）がある**六合目**に着く。ここでのどをうるおし、さらに歩を進めると、**七合目の見晴《みは》らし台《だい》**だ。ここからは高田《たかだ》平野、日本海、米山《よねやま》そして魚《うお》沼《ぬま》の山並みが一望できる。

木落し坂を越えると道もなだらかになり、ブナの林が広がるタムシバ平《だいら》を抜ければ、まもなく**青田南葉山**山頂に着く。山頂はきれいに刈り払われ、石積みされた山頂標柱と石祠が鎮座している。あいにく灌木で眺望はきかないが、残雪の時期であれば、頸城地方を取り囲む山々が一望できる。

山頂からは北に明神沢コースを

■**鉄道・バス**
往路・復路＝公共交通機関はなく、JR北陸新幹線上越妙高駅からタクシー利用となる。一般的にはマイカ

進む。急斜面が出てくるので、足もとに気をつけながら下ろう。ブナ林の中を通るこの尾根道は、木々の間から左手に鏡池《かがみいけ》や、正面に大明《だいみょう》神山《じんやま》（海前峰《かいぜんぼう》）が垣間見られる。

明神峠は桑取谷地区に続く「湯ったり村コース」との分岐で、東に折れるとキャンプ場に向かう。足場の悪い箇所もあるが、ほどなく傾斜も緩み、明神沢まで続く心地よく歩きやすい**ブナの森**が迎えてくれる。歩調を緩め、しばし森の散策を堪能するのもよい。あとは**明神沢**を渡り、ササの茂る**筍平**《たけのこだいら》を抜け、灌木の中を通りすぎるとまもなく**キャンプ場**だ。

（朝比奈信男）

CHECK POINT

1 起点となる南葉高原キャンプ場。ロッジでは食事もできる

2 青田南葉山山頂。残雪期には大きな雪庇が出迎える

3 明神峠。湯ったり村コース経由桑取方面への道が分岐する

4 心地よいブナの森を行く。クロヒメカンアオイも見られる

ーがおすすめ。

■マイカー 上信越自動車道上越高田ICから灰塚集落経由、または妙高方面からは青田集落経由で南葉高原キャンプ場へ。駐車場はロッジの前に15～20台、少し下ったところにある駐車場に30～40台のスペースがある。

■登山適期 4月下旬から11月初旬。南葉ロッジは4月29日～11月3日まで営業。ただし、木落し坂コース八合目より上は、残雪が多い場合、ルートを間違いやすく、特に視界が悪い時は無理をしないこと。明神沢コースも雪が残っている箇所は注意したい。

■アドバイス ▽明神峠から北へ桑取谷地区に向かう「湯ったり村コース」もブナ林が美しく里山歩きが楽しめる。▽青田南葉山から南、籠町南葉山へも縦走路がある。また、籠町南葉山にも尾根沿いにいくつもの登山道が整備されている。ただし正規の駐車場はないので登る際には注意を。

■問合せ先 上越市役所観光振興課☎025・526・5111、上越市役所農林水産整備課（施設関係）☎025・526・5111、南葉ロッジ（期間中）☎025・524・9046

■2万5000分ノ1地形図 重倉山

11

変化に富んだ独立峰を目指す

鉾ヶ岳・権現岳

ほこがたけ 1316m（1等三角点）
ごんげんだけ 1104m

日帰り

歩行時間＝6時間30分
歩行距離＝7.5km

技術度
体力度

コース定数＝26
標高差＝916m
累積標高差 1150m 1186m

北陸自動車道の能生《のう》IC付近から見るとひときわ高く目立つ山が鉾ヶ岳だ。小粒だが独立峰であり、奴奈川姫《ぬながわひめ》伝説も残る神秘の山だ。

また、山麓には温泉があり、くつろげる。

紹介するコースは能生谷側の溝《みぞ》尾《お》から登り、権現岳へ縦走し、柵《ませ》口《ぐち》に下るコースだ。柵口には温泉もある。

溝尾の駐車場から約200㍍先に**登山口**がある。杉林の中をしばらく進むと**島道《しまみち》コースと合流**する。春にはカタクリの可憐な花が道を飾り、秋にはヤマブドウが実をつける。ここから約1時間で金《きん》冠《かんむり》山《やま》の取付に達する。秋の紅葉時期、金の冠のように見えることから名がついたという。針金やロープを頼りに慎重に登ると**金冠山**山頂に立つ。鉾ヶ岳一帯の中でいちばん眺望がよく、いかにもピークという感じだ。

ひと息ついたら大沢岳《おおさわだけ》へ向かう。足もとには充分注意し、滑落しないように気をつけよう。大沢岳は島道コースの分岐点だ。ここからは北アルプスや海谷《うみだに》山塊が望

↑右：鉾ヶ岳（小突起は金冠山）と左：権現岳
←金冠山からトッケ峰を見る。後方は火打山（左）と焼山（右）

■鉄道・バス
往路＝越後トキめき鉄道の能生駅から能生線西飛山行きバスに乗り、溝尾バス停下車後、徒歩約40分。復路＝柵口バス停から能生線のバスに乗り、能生駅へ。柵口登山口からバス停までは徒歩30〜40分ほど。

■マイカー
能生ICから県道246号を行くと約8㌔で林道入山吹原（いりやまふきはら）線の「鉾ヶ岳登山口」標識があるので右折、林や田畑の中を約4㌔行くと、車が5台ほど置ける駐車場に着く。

■登山適期
5〜10月。

■アドバイス
▽バス停から登下山口までの距離があり、マイカー利用のほうが一般的だろう。できれば、車2台で行き、柵口登山口に1台配車し、紹介した縦走コースを歩いてほしい。
▽柵口には温泉宿があるのでゆっくり山旅を楽しむにもベストな山。柵口の宿はすべてバス停そばにあるので便利。
▽5月上旬、権現岳はシャクナゲのピンクに染まる。
▽急峻箇所が多いので残雪期の滑落に注意。

■問合せ先
糸魚川市観光協会☎025・555・7344、柵口温泉権現荘（宿泊

める。15分ほどで難なく**鉾ヶ岳**山頂に着く。小さな山頂小屋がある。木立が多く、展望はあまり期待できない。

休憩したらトッケ(突鶏)峰《みね》へ向かおう。しばらく下ってからの登り返しにひと汗かくと**トッケ峰**だが、やぶで展望は悪い。残雪期で霧の場合はルートを間違えやすい。

ここからは岩場や急な下りがあるので慎重に進もう。のぞかずの窓はいっきに谷に落ちこんだ岩場だ。サワラ山をすぎると権現岳はすぐそこだが、途中、狭い尾根があるので滑落に注意しよう。

権現岳山頂はシャクナゲが多く見られ、360度の展望台だ。金冠山、鉾ヶ岳、そして火打山《ひうちやま》がきれいな三角錐を見せている。眼下にはシャルマン火打スキー場も見える。

ここからは急傾斜になり、白山奥社の祠へ着く。初夏には松明登山が行われている。ここからは眼下に柵口集落が見下ろせる。

参拝したら、針金や鎖に助けられ天狗屋敷《てんぐやしき》、胎内《たいない》くぐりを通り、わらじぬぎ場まで下る。さらに岩場を急降下すれば**柵口登山口**まではわずか。権現荘で入浴すれば思い出もひとしおだ。(高野邦夫)

・入浴)☎025・568・2201、糸魚川バス☎025・552・0180

■2万5000分ノ1地形図

槇

CHECK POINT

林道入山吹原線の溝尾登山口の駐車場。5台ほど停まれる

登山口付近から鋭い岩峰の金冠山を見上げる

金冠山直下の岩場は針金やロープを頼りに登る。短いが、急傾斜なので要注意

鉾ヶ岳山頂。一角に小さな避難小屋が建っている

360度の展望が楽しめる権現岳山頂

柵口集落を見下ろす白山奥社

12

黒倉山・鍋倉山

新緑、紅葉のブナを満喫できる山

くろくらやま　1242m
なべくらやま　1289m

日帰り

歩行時間＝2時間20分
歩行距離＝5.5km

技術度
体力度

コース定数＝9
標高差＝173m
累積標高差　325m　325m

↑鍋倉山、黒倉山の山並み
←スタートしてほどなく気持ちのよいブナの道を歩く

上越《じょうえつ》市の中心部から遠望すると、南西に妙高山《みょうこうさん》、火打山《ひうちやま》を中心とする頸城《くびき》山塊を望むことができる。一方、南東に目をやると関田《せきた》山脈が望まれ、長野県と新潟県の県境となっており、その昔は峠道で往来していたようだ。ここでは、その最高峰・鍋倉山と黒倉山を紹介しよう。麓からは双耳峰のように見えるが、山慣れた人でなければ、そのピークを山座同定することは難しいであろう。

登山道はいくつかあるが、最も標高差が少なく利用者も多い関田峠からのルートを紹介する。子どもを連れたファミリーでも歩けるコースである。

標高1116㍍の**関田峠**に数台車を停めるスペースがあるので、そこからスタートする。灌木の中を行くとすぐに幹が揃ったブナの林を歩く。関田山脈は全山ブナが多い山域だが、登山道沿いの美しいブナ林となるとあまり多くはない。

ほどなく左手の茶屋池《ちゃやいけ》への分岐

■**鉄道・バス**
往路・復路＝JR北陸新幹線上越妙高駅もしくはJR飯山線戸狩野沢温泉駅下車。登山口の関田峠まではバス便がないため、タクシーまたはレンタカーを利用する。

■**マイカー**
北陸自動車道上越ICから国道18号、県道95号で関田峠まで約30㌔。

■**登山適期**
県道95号（上越飯山線）は冬期間通行止めとなる。開通は除雪の進捗によるが、例年5月中旬以降である。新緑と紅葉の時期が最も快適である。

■**アドバイス**
▽関田山脈は斑尾山から天水山まで、稜線上に信越トレイルが開通しており、総延長は80㌔。稜線に宿泊施設はないが、テントサイトは数箇所あり、予約制となっている。
▽近年バックカントリースキーが人気だが、豪雪地の鍋倉山も訪れる人が多い。その場合は飯山市の温井がスタート地点となる。
▽筒方峠からみずばしょうの森、久々野峠から巨木の谷へ足をのばすこともできる。
▽温泉で汗を流したい場合は、板倉区久々野にやすらぎ荘があり、立ち寄りできる。
▽板倉区柄山から久々野峠を経由して鍋倉山に登るコースは、初夏までやぶがちになっている場合があるた

の看板が2箇所あるが、直進して黒倉山を目指す。途中**筒方**《どうがた》**峠**を通過する。右手に視界が開けるところがあり、光《ひかり》ヶ原《はら》高原が望める。やや斜度が急になるが、タムシバやミツバツツジ、イワカガミなど春の花も見られるところだ。

ほどなく**黒倉山**山頂に到着する。灌木で視界は良好ではないが、空気が澄んでいれば木々の間から妙高山、火打山が望める。

小休止したら鍋倉山を目指して、やや東向きの道を行く。6月でも雪の多い年は残雪があり、遅い春を満喫できるだろう。**久々野**《くぐの》**峠**をすぎ、木の根で歩きにくい道を登っていくと**鍋倉山**山頂に着く。こちらも視界は良好とはいい難いが、菱《ひし》ヶ岳《たけ》に続く関田山脈の山並みや、山頂から少し登山道を進むと千曲《ちくま》川が流れる北信濃《きたしなの》を一望できる。

帰路はそのまま下ってもよいが、時間があれば、茶屋池をめぐるのもおすすめ。なお、残雪が多い年は茶屋池への道が不明瞭になるので注意しよう。

（宮崎　研）

め、板倉区総合事務所に問合せるとよい。

■問合せ先

上越市板倉区総合事務所☎0255・78・2141、信越トレイルクラブ☎0269・69・2888（なべくら高原・森の家内）、ゑしんの里やすらぎ荘☎0255・78・4833

■2万5000分ノ1地形図

野沢温泉

CHECK POINT

筒方峠をすぎ、登山道から光ヶ原高原を見る

春の稜線はミツバツツジやタムシバ、イワカガミが咲く

黒倉山山頂は広々としていて、小休止によいところだ

生活物資を運んでいたころの古道の面影を残す久々野峠

鍋倉山山頂。小さな祠があり、関田山脈がわずかに望まれる

鍋倉山頂から少し進んだ登山道から千曲川の眺め

13

長野県境に接した気軽なトレッキングコース

菱ヶ岳

ひしがたけ

1129m（1等三角点）

歩行時間＝3時間30分
歩行距離＝9・0km

日帰り

技術度

体力度

↑スキー場駐車場からの菱ヶ岳
←山頂から雪だるま高原キューピットバレイを俯瞰する

菱ヶ岳は、安塚《やすづか》から見ると台形に見えるが、上越方面からは三角形に見える。その形から名づけられたものらしく、天保8年刊行の『北越雪譜』（鈴木牧之）の中で、「さて松之山の庄内に菱山といふあり、山の形三角なるがゆゑの名なるべし」と紹介されている。

菱ヶ岳の麓はキューピットバレイスキー場として開発され、約2時間で山頂に立てる。登山口はスキー場の中ほどの**グリーンパーク**からはじまる。といっても、一部登山道があるが、広いゲレンデの中を行くので足もとはよい。ゴンドラ山頂駅間近の沢には、どんどん清水《しみず》があるのでのどをうるおそう。

ゴンドラ山頂駅の横の広場に出ると、ここから登山道らしくなる。雪消えとともにミズバショウの咲

コース定数＝**15**	
標高差＝453m	
累積標高差	↗590m ↘590m

■**鉄道・バス**
往路・復路＝グリーンパークまでのバスはなく、マイカー利用が現実的。

■**マイカー**
登山口へは国道253号虫川南の十字路から国道403号に入り、キューピットバレイスキー場の案内板をたどり、スキー場のセンターハウス手前を左折し、グリーンパークへ。駐車10台。

■**登山適期**
豪雪地帯で遅くまで雪が残る。ミズバショウが咲く6月から、紅葉の10～11月がベスト。

■**アドバイス**
▽雪だるま高原キューピットバレイには芝生のキャンプ場もあり、全長110キロにおよぶ信越トレイルの中継地としても利用されている。
▽下山後はキューピットバレイスキー場にゆきだるま温泉「久比岐野」（☎025・593・2041）があるが、グリーンシーズンの営業は要確認。
▽お土産は、道の駅「雪だるま物産館」で安塚の旬の農産品が揃う。隣接する雪むろそば屋もおすすめ。
▽虫川大杉駅近くにある白山神社の「虫川の大杉」は、ご神木として保護され、樹齢1000年、高さ30メートル、目通り10・6メートル。国の天然記念物。

■**問合せ先**
上越市安塚区総合事務所☎025・

く道を進み、沢沿いの道（年によって6月中旬まで残雪）となる。まもなく古道須川《すかわ》峠との三差路に出て、右手に折れて急な登りになり、ブナ、ミズナラなどの樹々の間を抜けると緩やかになって、ほんの少しで**菱ヶ岳**山頂に出る。

山頂には1等三角点と不動明王の御堂がある。北側は開けて、足もとには登ってきたスキー場や棚田、日本海、米山《よねやま》が望める。

下りは不動《ふどう》滝のある西口へ下る。ブナ林の中を下り、何度か沢を渡り返すので、足もとに注意。左手に「古道須川峠」の道しるべを見て、道なりに右手に水の流れる音が聞こえると**西口登山口**で、車道（国道403号）に出る。時間があれば近くにある信越トレイルをコースに加えてもよい。また、不動滝は国道への出口から急勾配を5分ほど下るとブナ林ごしに落差30メートルの二段の滝が現れる。

車道に戻り、5キロほど先を右折してゲレンデを横切り、**グリーンパーク**に戻る。

（水野泰二）

592・2003、キューピットバレイ雪だるま高原☎025・593・2041

■2万5000分ノ1地形図
柳島・松之山温泉

CHECK POINT

グリーンパーク前の駐車場。約10台のスペース

ゴンドラ山頂駅手前の左手の沢にわき出るどんどん清水

ゴンドラ山頂駅前の広場。右手から登山道がはじまる

古道須川峠への分岐を右折して山頂へ

不動明王のお堂と1等三角点がある山頂

古道須川峠へ分ける道を左手に見て下る

14

薬師様に見守られて登る展望の山

米山《よねやま》

993m（1等三角点）

日帰り

歩行時間＝5時間45分
歩行距離＝13.5km

技術度

体力度

米山は1000㍍足らずの山だが、遠くからも目立つその山容は、実に堂々としている。米山薬師信仰の山としても知られ、県内各地に残る米山塔などからも信仰の深さがうかがえる。ここでは米山の歴史とも関わりがある米山寺《べいさんじ》密蔵《みつぞう》院《いん》からのコースを紹介する。

車の場合、**米山寺**の入口を見落とさないように参道を車で入り、少し行ったところに車を停める。石段を登り、正面の護摩堂裏手が古道となる。道標にしたがって少しずつ標高を上げていくと、一度車道に出る。少し歩いて左の道標を見落とさないように行くと**下牧《しもまき》ベース993**に到着。りっぱな休憩施設で、トイレの利用や水の補給ができる。

手書きの案内板を確認して登りはじめる。

↑田植えの終わった田んぼに映る米山
←米山山頂。振り返ると避難小屋。遠くには妙高連峰も望める

コース定数	＝**28**
標高差	＝954m
累積標高差	↗1305m ↘1305m

■鉄道・バス
往路・復路＝登山口までのバスはなく、マイカー利用が現実的。

■マイカー
北陸自動車道柿崎ICから国道8号を柏崎方面へ進み、3つ目の信号（旭前交差点）を右折、要所にある案内看板にしたがって米山寺入口を目指す。参道は車で進入可。3〜4台の駐車スペース、トイレがある。密蔵院近くにも広い駐車スペースがある。

■登山適期
積雪量が多く、冬季は一般的ではない。4月中旬以降が登りやすくなる。中腹より上部はブナの原生林が広がり、新緑、紅葉が美しい。紅葉シーズンは10月下旬から11月上旬。

■アドバイス
▽柿崎側の山開きは5月最終日曜。イベントなどがあり、多くの登山者が訪れる。
▽密蔵院護摩堂の壁面の彫刻はすばらしく、一見の価値がある。

下牧ベース993。身支度を整え本格的な登りに備えよう

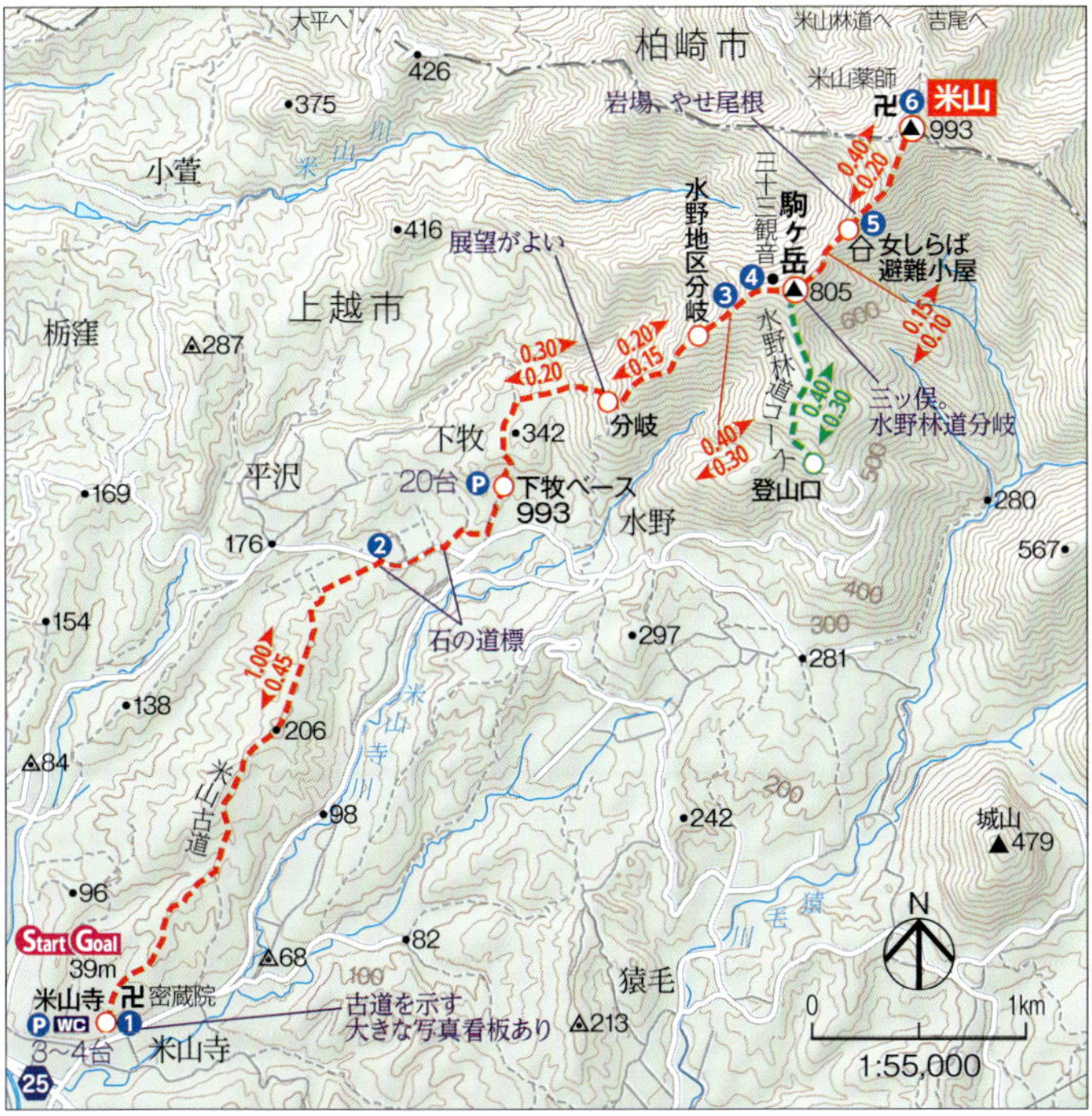

薄暗い杉林を抜けると本格的な登山道となる。水野《みずの》地区に下る**分岐**を経て**駒《こま》ヶ岳《たけ》**に着く。三十三観音があり、休憩を兼ねて見ていくのもよいだろう。

体が冷えないうちに再び歩みを進め、水野林道コースの分岐である三《み》ッ俣《また》をすぎると**女《おんな》しらば避難小屋**に着く。ここで標高は810メートル、あとひと頑張りだ。急な階段の道を下り、気を抜かずやせ尾根を越せば山頂はもう少しである。

視界が開け、ログハウス風の米山避難小屋が目に飛びこんでくる。そして、その上が米山薬師堂で**米山**の山頂だ。まずは手を合わせてお参りしよう。条件次第で日本海に浮かぶ佐渡《さど》ヶ島《しま》や名だたる名峰が一望できる。谷根《たんね》、野田《のた》コース方面に少し行くと展望方位盤もある。

山頂でのひと時を楽しんだら気を抜かず、安全に下山しよう。

（桑原富雄）

▽「下牧ベース993」は広い駐車場、水、トイレ、更衣スペースなど、設備が充実している。一般的にはここから登る人の方が多い。

▽山頂のバイオトイレは11月中旬には撤去されるので注意。

■問合せ先

柿崎観光協会☎025・536・9042、上越市柿崎区総合事務所☎025・536・6707、頸城ハイヤー☎025・536・2218、米山寺密蔵院☎025・536・5329

■2万5000分ノ1地形図

柿崎

CHECK POINT

1 密蔵院（右）と護摩堂。この左手から回り込んで米山古道へ

2 一度、車道に出て少し先、左側の道標にしたがって行く

3 ブナに囲まれた登山道は明るく開放的だ

4 駒ヶ岳の三十三観音。ブナ林の中の気持ちのよいところだ

5 女しらば避難小屋。標高810メートル。山頂までひとがんばり

6 山頂の米山薬師堂。手前に1等三角点がある

15

刈羽黒姫山

歴史と信仰に導かれる刈羽の名山

かりわくろひめやま

891m（山頂道標地点）

日帰り

歩行時間＝3時間

歩行距離＝6・7km

技術度 1/5

体力度 1/5

コース定数	＝**15**
標高差	＝624m
累積標高差	↗ 671m ↘ 671m

↑折居からの刈羽黒姫山

←刈羽黒姫山山頂から苗場山方面

刈羽黒姫山は刈羽三山（米山《よねやま》、八石山《はちこくやま》）の一角で、各方面からの登山コースをもち、多くの登山者に愛される、この地方を代表する里山だ。ここでは、「綾子舞《あやこまい》」の伝承地域である折居《おりい》からのコースを紹介しよう。

車を降りて10分ほどで**黒姫山参道入口**。折居川の小さな橋を渡って登山を開始する。ブナ林、杉林を抜けると尾根に出る。急登につけられた階段を登っていけば**鶏冠《とさかの》嶺《つんね》**に到着。木々の間から山頂がうかがえる。

その後、細尾根のアップダウンを繰り返す。両側が切れていて、一部鎖場があるなど足もとに注意が必要だ。やがて尾根は緩やかになり、大きなブナ林の中を進む。石段が出てきたら山頂は近い。

刈羽黒姫山山頂からは、越後三山、谷川《たにがわ》連峰、苗場《なえば》方面がよく見える。眺望を楽しみながら休憩をとったら、10分ほど下った鵜川《うかわ》神社に寄ってみよう。ここは清水谷《しみずだに》、白倉《しらくら》コースの分岐でもある。その昔多くの村人、機織りの衆がこぞって参拝した当時をしのんでみたい。

下山は往路を戻る。足もとの安全を確認しつつ、前方にそびえる米山の展望を楽しみながら下っていこう。

（小堺和久）

登山道から北西方向の米山を見る

■鉄道・バス

往路・復路＝JR信越本線柏崎駅から越後柏崎観光バスが出ているが、本数が少なくマイカー利用が一般的。

CHECK POINT

1 国道353号からの入口（右）。「綾子舞」の看板が目印になる

2 黒姫山参道入口の駐車スペース。集落内は細道でカーブが多い

3 鶏冠嶺を示す表示板。樹間から黒姫山山頂が見える

4 やせ尾根の鎖場。短いが両側が切れ落ちている

5 刈羽黒姫山山頂。秋の晴れた朝は雲海が見られることもある

6 鵜川神社からは眼下に磯之辺の棚田を見ることができる

■マイカー

国道253号松代より県道12号、柏崎市高柳町田代県道275号、石黒地内で国道353号に入り折居へ。旧上向集落の標識にしたがい駐車場へ。5～6台の駐車スペースがある。なお、その先は道が狭く、地元車両最優先なので路肩には停めないこと。

■登山適期

5月中旬～6月上旬のブナの新緑や花がすばらしい。紅葉は10月中旬～11月初旬が見ごろ。

■アドバイス

▽往復もよいが、車1台を清水谷に回し、鵜川神社経由の周回もおもしろい。春、清水谷の「谷川新田の千本桜」といわれる八重桜は一見の価値あり。

▽積雪の多い年は各所に残雪があり、早い時期の登山には注意が必要。

▽山頂に避難小屋がある。

▽温泉は、柏崎市高柳町高尾にじょんのび村（☎0257・41・2222）、十日町市蓬平に雲海（☎025・597・3939）がある。また、この地方は山菜が多く採れ、各道の駅で農産物や山の幸が直売される。

■問合せ先

柏崎市役所☎0257・23・5111、越後柏崎観光バス☎0257・28・6605

■2万5000分ノ1地形図

石黒

16

雲上の大湿原へといたる越後側のメインコース

苗場山①　祓川コース

なえばさん
2145m（1等三角点）

日帰り

歩行時間＝7時間50分
歩行距離＝13・9km

技術度 ●●○○○　体力度 ●●○○○

コース定数＝**32**	
標高差＝925m	
累積標高差	↗1280m ↘1280m

苗場山は山頂が平坦な地形をなす成層火山であり、その周縁はいずれも急斜面となって切れ落ちる山容が特徴的だ。そのため、いずれの登山コースも山頂台地に出る手前はきつい登りを強いられる。

↑神楽ヶ峰を越えれば、重量感ある苗場山が目前に迫る

←苗場山の姿の独特さは、空から見ると一段と際立つ

しかしひとたび登りきれば、突如として広大な景色が目前に展開する。なだらかな台地上にどこまでも続く湿原と池塘、オオシラビソの森が急登の疲労を鎮めてくれる。

新潟県側、長野県側ともに複数のコースがあるが、ここでは新潟県側のメインコースといえる祓《はらい》川コースを紹介しよう。

祓川登山口駐車場から歩きはじめる。登山口で林道と登山道に分かれるが、すぐ先で合流する。**和田《わだ》小屋**の先はしばらくスキー場のゲレンデ内を進んでから樹林帯に入る。登山道は岩や土、木の根が露出し、ところどころに木道が敷かれている。六合目をすぎてゲレンデを横切ると、こぢんまりとした湿原の**下**《しも》

■鉄道・バス
往路・復路＝JR越後湯沢駅から路線バスで三俣方面へ向かい、八木沢口または三俣中央のバス停で下車。かぐらスキー場の駐車場を経て苗場山林道を歩き和田小屋へ向かう。長い行程となるためタクシー利用が便利。タクシーは和田小屋まで入る。

■マイカー
関越自動車道を越後湯沢ICで降り、国道17号を三俣方面へ進む。かぐらスキー場の駐車場を経由して苗場山林道を進む。和田小屋の少し手前に祓川登山口駐車場がある。

■登山適期
豪雪地帯の上信越国境でも特に雪深い山域であり、遅くまで雪が残る。6月中旬から登ることができるが、山頂台地直下の急斜面に残雪がある場合は危険を伴うこともあり、初心者なら7月以降の入山が適当。7月から8月中旬にかけては多様な花の乱舞を愛でることができる。山頂湿原が一面の草紅葉となる10月にもぜひ訪れたい。10月下旬以降は降雪もあり、事前確認を要する。

■アドバイス
▽祓川登山口からの往復ならマイカー利用が適当だが、他のコースと組み合わせる場合にはタクシーを利用するとよい。
▽和田小屋から先、水場は雷清水が唯一のものとなる。山頂への急登に

ノ芝《しば》にいたる。

下の芝の先も石のゴロゴロした道を行き、オオシラビソの森が途切れて視界が開けると中《なか》ノ芝、さらに木道をたどれば上《かみ》ノ芝である。周囲の植生は草原や灌木となり、秋には紅葉とオオシラビソとのコントラストが眩しい。中ノ芝、上ノ芝には木製デッキが敷設され、谷川《たにがわ》連峰や巻機山《まきはたやま》方面の展望もよく、快適な休憩地である。

上ノ芝からすぐで右から**小松原《こまつばら》コースが合流**し、その先で股《また》スリ岩を越える。東側の開けた道を横切るように進み、秋季限定のドラゴンドラコースを左に分ける。その先すぐの**神楽《かぐら》ヶ峰《みね》**を回りこむと、苗場山のどっしりとした山容が目に飛びこむ。少し下った**雷《かみなり》清水《しみず》**では水がこんこんと湧き、本コース上の貴重な給水箇所である。さらに標高を落とせばなだらかな鞍部となり、夏には道の両脇がお花畑となる。

緩傾斜の道にほっとしたのも束の間、山頂台地への最後の試練である雲尾《くもお》坂の急登に踏み入る。岩混じりの急斜面を登り、唐突に傾斜が緩めばそこはすでに山頂台地だ。眼前に広がる大湿原に無数の池塘が散らばり、夏には多様な花が、秋には草紅葉が彩りをそえる。台地上からは鳥《とり》甲山《かぶとやま》、岩菅山《いわすげやま》、佐武《さぶ》流山《りゅうやま》などの姿が映える。さえぎるもののない雄大な景色の中、のんびりと木道をたどれば苗場山自然休験交流センター（苗場山頂ヒュッテ）が見えてくる。**苗場山**山頂は小屋からすぐの開けた箇所だが、展望はない。

台地上にのびる木道を散策し、充分景色を楽しんだら、下山は往路を戻る。（漆崎隆之）

CHECK POINT

1 祓川駐車場前の登山口。マイカーの場合ここからのスタートとなる

2 中ノ芝は木製デッキとベンチがある。谷川連峰の展望がよい

3 上ノ芝からしばらくで小松原分岐。小松原からの登山道が合流する

4 神楽ヶ峰の標柱はピークより少し下の登山道に設置されている

5 お花畑の前後は緩傾斜の歩きやすい道。夏には多様な花でにぎわう

6 木道をのんびり歩いて苗場山山頂に到着。展望はない

備え給水していこう。

▽雲尾坂などの岩場の隙間にはヒカリゴケを見つけることもできる。

貴重な水場の雷清水

▽四方にのびるその他のコースを下山するとより充実した行程となるが、その場合は山頂ヒュッテの宿泊や下山後の交通手段の検討があらかじめ必要となる。

▽10月上旬から11月上旬の紅葉時期にはドラゴンドラと田代ロープウェイが運行する。これらの終点から神楽ヶ峰までは登り約2時間30分。

■問合せ先

湯沢町役場☎025・784・3451、苗場スキー場☎025・789・4117、和田小屋（かぐらスキー場）☎025・788・9221、苗場山自然体験交流センター（栄村役場秋山支所）☎025・767・2202、宿場の湯☎025・789・5855、南越後観光バス☎025・773・2573、アサヒタクシー☎025・784・3410

■2万5000分ノ1地形図

苗場山

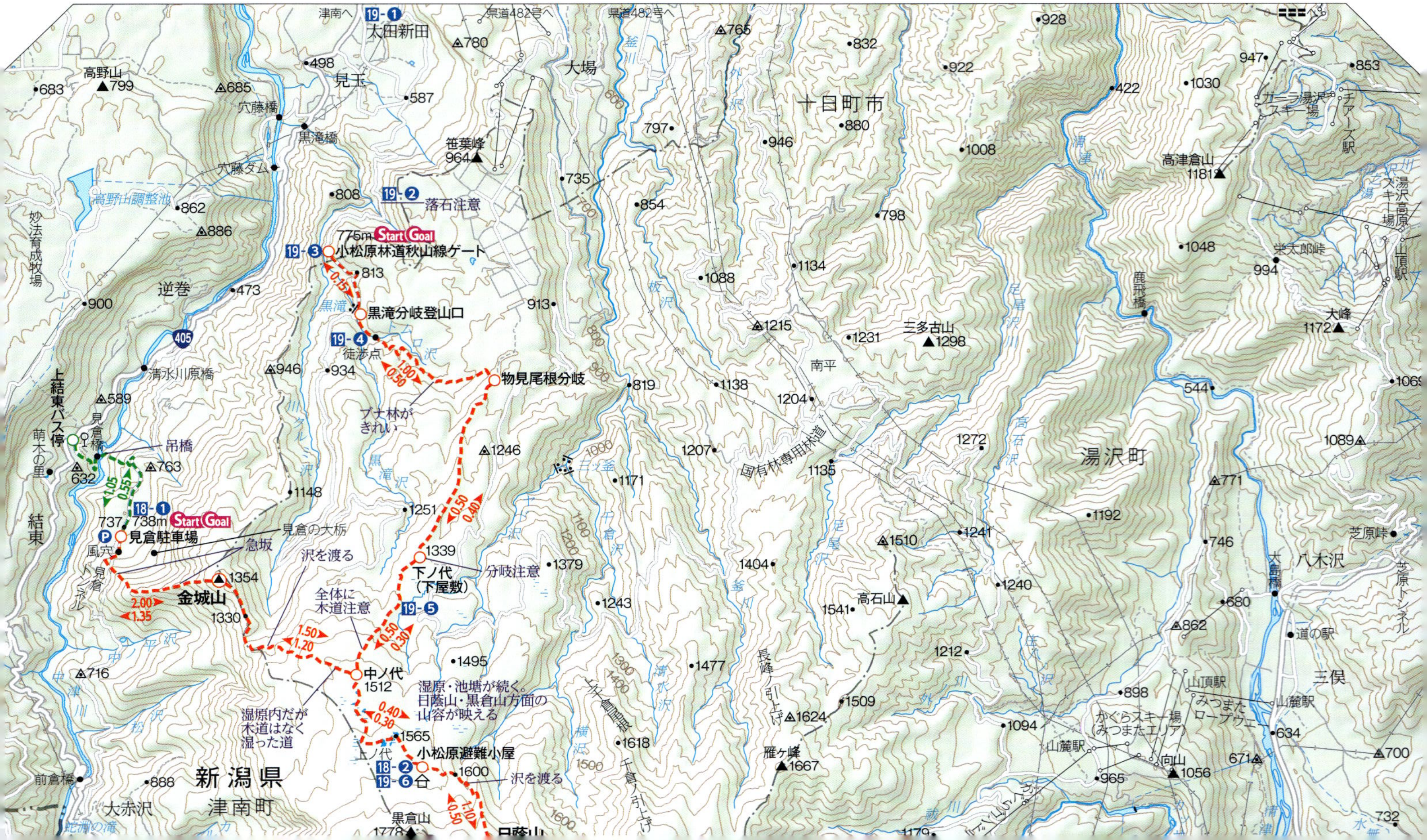

津南へ
19-1
太田新田
県道482号へ
県道482号へ
高野山
799
683
685
穴藤橋
498
見玉
587
黒滝橋
穴藤ダム
笹葉峰
964
大場
十日町市
797
946
880
高野山調整池
862
808
19-2
落石注意
735
854
妙法育成牧場
886
775m
Start Goal
19-3
小松原林道秋山線ゲート
813
逆巻
473
900
405
黒滝分岐登山口
19-4
徒渉点
913
1088
1134
1215
1231
三多古山
1298
清水川原橋
946
934
物見尾根分岐
819
1138
1204
南平
上結東バス停
589
見倉橋
萌木の里
吊橋
763
632
ブナ林がきれい
1246
1207
国有林専用林道
1135
1272
湯沢町
1171
1148
1251
18-1
737
738m
Start Goal
見倉駐車場
見倉の大栃
結東
風穴
急坂
沢を渡る
1339
下ノ代
(下屋敷)
分岐注意
1379
1354
金城山
1330
見倉トンネル
全体に木道注意
19-5
1243
1404
1541
高石山
1510
1241
1240
1212
716
中ノ代
1512
1495
1477
長峰ノ引上げ
湿原・池塘が続く。日蔭山・黒倉山方面の山容が映える
湿原内だが木道はなく湿った道
1565
1624
1509
1094
1618
上ノ代
18-2
19-6
小松原避難小屋
1600
沢を渡る
千倉ノ引上げ
雁ヶ峰
1667
前倉橋
888
新潟県
津南町
大赤沢
黒倉山
1778
日蔭山
928
832
765
922
422
1030
947
853
ガーラ湯沢スキー場
チアーズ駅
1008
高津倉山
1181
湯沢高原スキー場
798
1048
栄太郎峠
994
山頂駅
鹿飛橋
大峰
1172
544
1069
1089
771
1192
芝原峠
746
八木沢
大島橋
芝原トンネル
680
862
道の駅
三俣
898
山頂駅
みつまたロープウェー
山麓駅
かぐらスキー場
(みつまたエリア)
山麓駅
634
向山
1056
671
700
965
732

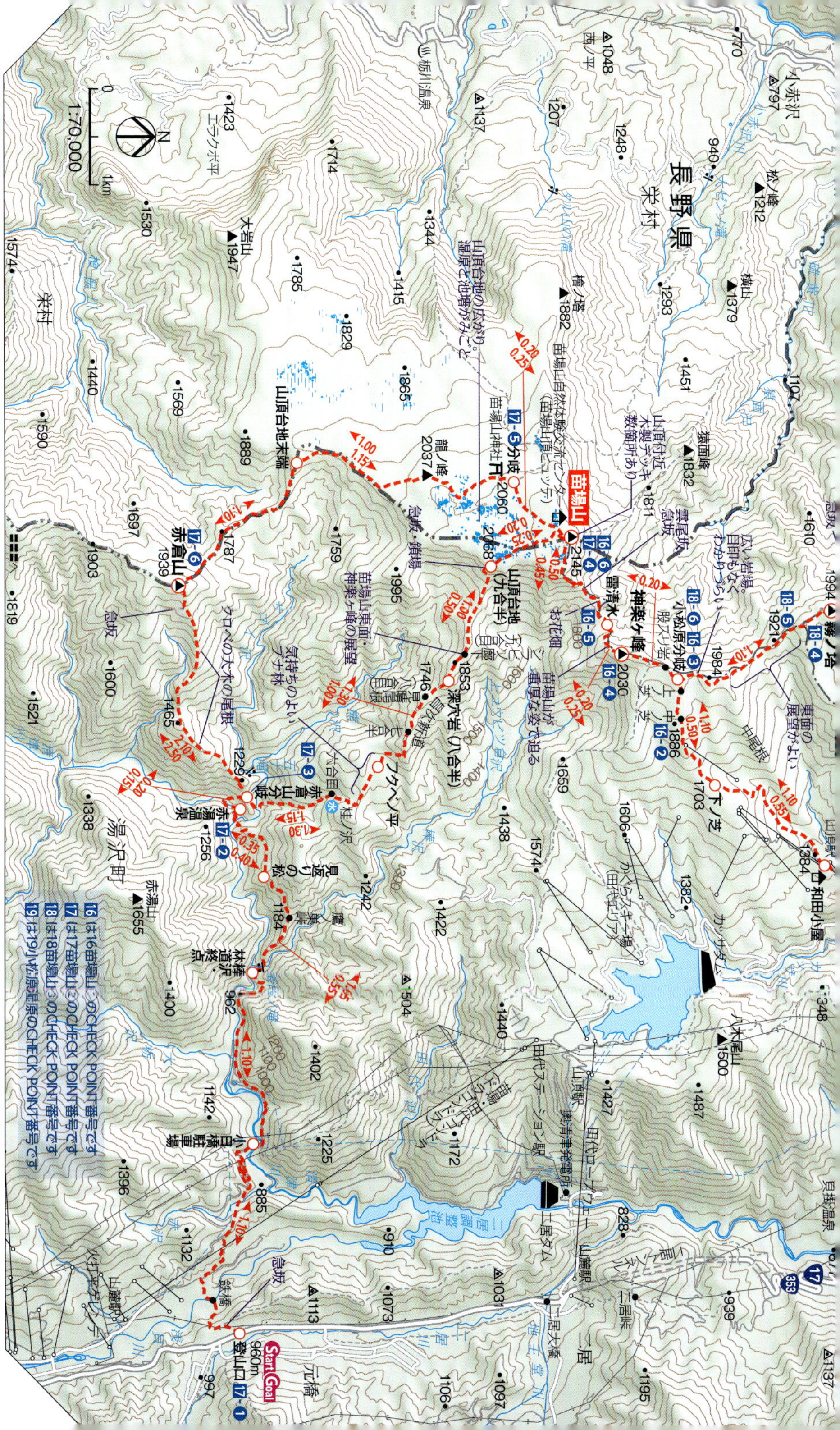
1:70,000
長野県
栄村
苗場山
神楽ヶ峰
雷清水
霧ノ塔
和田小屋
下ノ芝
中ノ芝
上ノ芝
小松原分岐
山頂台地末端
赤倉山
赤湯温泉
赤倉山分岐
見返りの松
林道終点
小日橋駐車場
登山口
960m
Start Goal
山頂台地（九合半）
フタツベ平
鷹ノ巣峠
二居
湯沢町
三俣
苗場山頂ヒュッテ
龍ノ峰
大岩山
16は16苗場山③のCHECK POINT番号です
17は17苗場山③のCHECK POINT番号です
18は18苗場山③のCHECK POINT番号です
19は19小松原湿原のCHECK POINT番号です

17 山深い秘湯を経て、山頂台地を縦断する

苗場山② 赤湯・赤倉山周回コース

一泊二日

1日目 歩行時間＝8時間45分 歩行距離＝14・5km
2日目 歩行時間＝8時間5分 歩行距離＝17・1km

なえばさん
2145m
（1等三角点）

技術度
体力度

コース定数	＝70
標高差	＝1185m
累積標高差	↗2905m ↘2905m

苗場山の麓には多くの温泉が湧くが、中でも最奥に位置し、徒歩でしか行けないのが赤湯《あかゆ》温泉だ。ここでは元橋《もとはし》から赤湯経由で苗場山にいたるコースを紹介する。昌《しょう》次《じ》新道を経て山頂の小屋に泊まり、赤倉山《あかくらやま》を周回するコースとなるが、赤湯温泉に宿泊することで、秘湯の静けさをいっそう満喫できるだろう。

第1日 国道17号沿いの赤湯ルートの**登山口**看板から歩きはじめる。いったん急坂を下って浅《あさ》貝《がい》川を鉄橋で渡り、ドラゴンドラ下をすぎる。さらにアップダウンを経て林道に出る。やがて**小日《こひ》橋**のゲートで、車利用ならここまで入ることができる。ゲートを越えて**林道終点**まで進むと、棒《ぼう》沢に鉄橋がかかり、ここから山道となる。

鷹《たか》ノ巣《す》峠でいったん傾斜が緩み、**見返《みかえ》りの松**をすぎると、赤湯に向けて徐々に下る。清津《きよつ》川を渡る橋から、川沿いの**赤湯**の湯船が目に入る。山口《やまぐち》館をすぎると道は川原に下りて、岩に描かれたペンキマークにしたがって進む。清津川の橋を渡った先の赤倉山登山道の**分岐**を右に進んで昌次新道に入り、再び鉄橋でサゴイ沢を越える。

水場もある桂《かつら》沢の渓畔林の中を登れば、やがて傾斜が緩んで**フクベノ平《だいら》**にいたる。美しいブナ林でひと息入れるのにちょうどよい。再び傾斜が増すとダケカンバや針葉樹の森となり、七合半の標柱を見送り、見晴《みはらし》尾根（八合目）に出る。**深穴岩《ふかあないわ》**（八合半）の先はしだいに展望が開け、端正な神楽《かぐら》ケ峰《みね》、そして苗場山の山頂台地から落ちる急斜面が迫る。

台地直下の岩混じりの急坂には鎖が張られ、すばらしい展望を励みにひと汗かけば一転して穏やかな九合半の**山頂台地**に出る。ここからは広大な台地を眺めながら木道を行く。湿原と池塘で知られる苗場山でもこのコース上は大きな池塘が目立つ。**苗場山**山頂に立ったら、この日は苗場山自然体験交流センターに泊まる。

第2日 二日目は苗場山神社方面に下り、小赤沢《こあかざわ》コースとの**分岐**を赤倉山方面へ進む。下るにつれて湿原とオオシラビソの比率が入れ替わり、やがて丈の低いオオシラビソの森となる。眼下の天狗《てんぐ》ノ庭《にわ》の向こうには佐武《さぶ》流山《りゅうやま》、白砂山《しらすなやま》、

■鉄道・バス
往路・復路＝JR上越新幹線越後湯沢駅から路線バスで三俣、浅貝方面へ向かう。元橋バス停で下車し、国道17号を200㍍ほど南へ行けば赤湯ルート入口の看板。ここから小日

昌次新道からの山頂台地ルートは見栄えのする池塘が多い

残照が空と池塘を染め、鳥甲山のシルエットを浮かび上がらせる

CHECK POINT

1 元橋バス停から国道17号を少し登ったところにある入口の看板

2 赤湯から先はしばらく川原を歩く。ペンキマークが目印

3 昌次新道と赤倉山登山道の分岐。往路と帰路はここで合流する

4 苗場山頂ヒュッテ。現在では唯一の宿泊施設

5 苗場山神社手前の分岐で龍ノ峰・赤倉山方面へ向かう

6 赤倉山山頂は標識があるものの、周囲の展望は得られない

岩菅山《いわすげやま》などが映える。山頂付近と異なり歩く人も少なく、静けさを味わえる。緩い下りを1時間ほど歩くと、**山頂台地末端**にいたる。ここからいったん高度を落とし、急坂を登り返せば**赤倉山**。山頂からの展望は望めない。

赤倉山東尾根の急斜面を下ると、やがて見栄えのするクロベが林立する。長い下りを歩き、いくつかのアップダウンを経て傾斜が緩むと、登りで通った**赤倉山分岐**に着く。時間があれば**赤湯温泉**で汗を流し、長い往路を戻る。

（漆崎隆之）

橋までは距離があるため、駅から小日橋までタクシー利用も検討したい。

■**マイカー** 関越自動車道を越後湯沢ICで降り、国道17号を三俣、苗場スキー場方面へ進む。苗場スキー場入口付近の苗場山赤湯ルートの看板を目印に赤湯林道に入る。一般車は小日橋手前の駐車スペースまで進入できる。

■**登山適期** 16苗場山①を参照。

■**アドバイス** ▽紹介した赤湯・赤倉山周回もおもしろいが、マイカー利用でなく入山口の融通がきくなら、祓川コースなどのコースとつなぐのもよい。▽鷹ノ巣峠は携帯電話が通じるため、下山時はここでタクシーを手配すると便利。▽赤湯温泉山口館は日帰り入浴可。

■**問合せ先** 湯沢町役場☎025・784・3451、苗場スキー場☎025・789・4117、苗場山自然体験交流センター（栄村役場秋山支所）☎025・767・2202、赤湯温泉山口館☎025・772・4125、宿場の湯☎025・789・5855、南越後観光バス☎025・773・2573、アサヒタクシー☎025・784・3410

■**2万5000分ノ1地形図** 苗場山・佐武流山・三国峠

＊コース図は50～51ページを参照。

18

小松原と苗場山、2つの湿原を愛でる静かな道のり

苗場山③ 見倉・小松原コース

なえばさん
2145m（1等三角点）

一泊二日

1日目　歩行時間＝10時間　歩行距離＝13.4km
2日目　歩行時間＝8時間5分　歩行距離＝13.4km

技術度 ●●○○○
体力度 ●●●●○

コース定数	＝69
標高差	＝1407m
累積標高差	↗2727m ↘2727m

←日蔭山の先は開けた尾根歩きが心地よい。その先に霧ノ塔の急登が待ち構える

←日蔭山付近から南西方向。秋山郷を隔てて鳥甲山など奥志賀の山々の展望がよい

広大かつ優美な湿原で広く知られる苗場山だが、その北側の硫黄《いおう》川をはさんだ日陰山《ひかげやま》の裾野にも、佳麗な小松原《こまつばら》湿原が静かに佇む。

苗場山や日蔭山はかつてひと続きの山体だったが、硫黄川上流部の崩壊などにより、浸食カルデラが形成され隔てられたと考えられている。その名残は現在も、苗場山、神楽《かぐら》ヶ峰《みね》、日蔭山と連なる馬蹄形の稜線として残されている。起源を同じくするともいえる苗場山と小松原の湿原をつなぎ、この地の自然の成り立ちに思いをめぐらす山歩きも味わい深いだろう。

ここでは津南《つなん》町の見倉《みくら》から入山し、小松原湿原から苗場山にいたるコースを紹介する。長いコースとなるので、山頂の小屋または小松原避難小屋に泊まることになる。交通手段さえ確保できれば、他のコースと組み合わせることで、より苗場山の自然を満喫することができるだろう。

第1日　見倉の駐車場を出発して少しで風穴の脇をすぎ、見倉の大栃への分岐を経ると本格的な登りがはじまる。いきなりの急登だが、雰囲気のよいブナ林を楽しめる。金城山《かなじろやま》西側の細尾根に乗るといったん傾斜は緩むが、その後、金城山までいっきに登り上げる。

金城山付近はなだらかな地形と

■鉄道・バス

往路＝JR津南駅から路線バスで秋山郷行きに乗車。上結東バス停で下車したら集落下の斜面を下り、中津川にかかる見倉橋を渡る。対岸を登り返し車道を見倉登山口まで歩く。バス停から登山口まで1時間強。民宿などに泊まっての送迎、タクシー利用も検討したい。

復路＝19小松原湿原のルートで津南駅へ。16苗場山①や17苗場山②の下

なり、登山道は山頂を通らず、そのままブナ林の中を南に向きを変える。斜面を横切るように下ると川クルミ沢の源頭の流れを渡り、ブナとササの道で高度を上げる。オオシラビソが混じり、平坦になると、灌木の向こうに湿原がのぞく。湿原手前はぬかるみになっており、湿原に入ってからもしばらくは木道のない湿った踏跡を進む。一度樹林に入り、それを抜けると中《なか》ノ代《しろ》の湿原にいたる。ここから木道が敷かれ、下《しも》ノ代側からの道と合流する。

この先**中ノ代**をすぎ、池塘のみごとな上ノ代を経て**小松原避難小屋**にいたる。小屋の先で沢を渡り、あまり展望のない道を登ると**日蔭山**だ。これから向かう霧《きり》ノ塔《とう》と苗場山、鳥甲山《とりかぶとやま》、十日町《とおかまち》市方面の眺望がすばらしい。（中ノ代～避難小屋間は、19小松原湿原の項も参照）

見晴らしのよいササ原の道を霧ノ塔との鞍部まで下れば、急坂の直登が待っている。**霧ノ塔**をすぎると東側の展望が開け、黒岩《くろいわ》ノ平《たいら》の湿原が眼下に広がり、奥には平標山《たいらっぴょうやま》や万太郎山《まんたろうやま》、巻《まき》機山《はたやま》など上越国境の山並みが連なる。

一度高度を下げて樹林帯をすぎると、ササ原と草原の穏やかな道となる。岩場を越えて少し行けば、祓川《はらい》コースとの合流点、**小松原分岐**となる。岩場はルートがわかりづらいので慎重に進む。

分岐から先は、**神楽ケ峰**、**雷清《かみなりし》水《みず》**、雲尾《くもお》坂などを経て**苗場山**山頂にいたる（小松原分岐～苗場山間は、16苗場山①祓川コースの項を参照）。苗場山自然体験交流センターに宿をとり、山頂台地からの夕景色、朝景色を満喫しよう。

第2日　往路を下山する。

（漆崎隆之）

CHECK POINT

見倉の登山口駐車場。小松原湿原にいたるコースのうちのひとつ

小松原避難小屋。よく整備されており、ここに泊まるのも快適だ

日蔭山では絶好の展望が得られる。霧ノ塔、苗場山方面を望む

ササ原の中、壁のような急登をすぎると霧ノ塔

霧ノ塔の南東ピークをすぎ、神楽ヶ峰、苗場山方面を見る

小松原分岐で祓川コースと合流

山ルートを使い越後湯沢駅へ出てもよい。

■マイカー
関越自動車道を塩沢石打ICで降り、国道353号を十日町方面へ進む。国道117号を経て津南町にて国道405号に入り、清水川原を見倉方面へ。トンネル手前に登山口駐車場。

■登山適期
16苗場山①を参照。

■アドバイス
▽見倉登山口の往復は距離もあり体力を要する。車で見倉から入山した場合は、秋山郷側の小赤沢コース、大赤沢コース、和山コースで下山すれば、車の回収も比較的容易となる。
▽新潟県津南町・長野県栄村側は「苗場山麓ジオパーク」として認定されており、周辺のジオサイトをめぐるのもおもしろい。

■問合せ先
津南町役場☎025・765・3111、栄村役場☎0269・87・3111、苗場山自然体験交流センター（栄村役場秋山支所）☎025・767・2202、秋山郷萌木の里☎025・767・2000、南越後観光バス☎025・773・2573、十日町タクシー（津南）☎025・765・5200、森宮交通☎0269・87・2736

■2万5000分ノ1地形図
苗場山

＊コース図は50～51ページを参照。

19

越後妻有(つまり)の最奥にひっそりとたたずむ池塘群

小松原湿原

こまつばらしつげん
1860m（日蔭山）

日帰り

歩行時間＝8時間20分
歩行距離＝20・2km

技術度
体力度

コース定数＝36
標高差＝1085m
累積標高差 ↗1374m ↘1374m

↑小松原湿原の中でも上ノ代は特に池塘が多く、苗場山の湿原にも劣らない景色である

←豊かなブナ林を歩く

小松原湿原は小松山《こまつやま》、黒倉山《くろくらやま》を背に南から北へ緩斜面を広げている溶岩台地の高層湿原である。どのコースもアプローチが長い。しかし、訪れる登山者も少なく、ゆっくりと静かな山旅ができる。

津南《つなん》町の国道117号から国道405号に入り、太田新田《おおたしんでん》に向かう。集落の入口に大きな看案内板があり、それを左折し、道なりに林道へ入っていく。このあたりは道が入り組んでいるので注意が必要だ。

林道を進むと**ゲート**に着く。林道を10分ほど歩くと**黒滝《くろたき》分岐登山口**だ。道標は朽ちてはっきりしないが、登山道はよく刈り払われているので明瞭である。しばらく行くとトムロ沢を徒渉する。思いのほか水量があるので、雨の時などは増水に注意しよう。

登山道はおおむね斜面を巻くようにつけられており、大きなブナの林の中を気持ちよく歩くことができる。小沢を数回渡り終えると坂になり、やがて**物見《ものみ》尾根の分岐**に到着。さらに分岐から1時間あまりで湿原のはじまりである**下《しも》ノ**

■**鉄道・バス**
往路・復路＝JR飯山線津南駅が最寄り駅だが、駅からのバス便は少ない。バス利用の際は、いったん役場前へタクシーなどで移動することになる。

■**マイカー**
国道117号津南から国道405号を通り太田新田へ。登山口に続く林道は、分岐が多いので間違わないように注意。ゲート前の路肩に4～5台駐車可能。

■**登山適期**
6月中旬から10月中旬のブナの新緑や花、草紅葉がすばらしい。

■**アドバイス**
▽残雪が多い時は、木道がはっきりせずルートを間違えやすい。
▽木道がかなり壊れており、歩行に注意が必要。
▽マイカーを利用して、見倉コースあるいは祓川～霧ノ塔コースをたどり、清潔な小屋で一泊するのもよい。
▽林道を走行する際は落石に注意。
▽JR津南駅構内に温泉施設が併設されている。

■**問合せ先**
十日町市中里支所☎025・763・3111、津南町役場☎025・765・3111、JR津南駅☎025・765・2022、南越後観光バス津南営業所☎025・765・3647

代《しろ》に入る。

　ブナ林の中の急な階段を登ると**中《なか》ノ代**。視界がいっきに開け、池塘群が現われる。ワタスゲ、モウセンゴケ、トキソウ、ヒメシャクナゲなどが咲きほこり、足もとをたくさんの花々が飾っている中を歩くことができる。さらに短い急登を抜ければ上《かみ》ノ代。広大な湿原のうしろには黒倉山《くろくらやま》、小松山、日《ひ》蔭山《かげやま》が見えてくる。木道を進み、小沢を渡ると三角屋根の**避難小屋**に到着。湿原でゆっくりと時間をすごそう。

　ここから**日蔭山**までは往復で1時間30分ほど。小屋脇を通り、小沢を渡り支稜線に取り付く。薄暗いササ原の登山道を抜けると、苗場山の厖大な姿を目にする。眺望は最高で苗場山の全容が手にとるようだ。

（小堺和久）

■2万5000分ノ1地形図
赤沢・苗場山

上ノ代の奥に連なる山稜。右から小松山、黒倉山、日蔭山、霧ノ塔

CHECK POINT

1 太田新田集落入口。大きな案内看板前で左に曲がり林道に入る

2 林道を走行する。山肌が迫っている場所では落石に注意して進んでいこう

3 林道ゲート。手前の道脇に4〜5台の駐車スペースがある

4 トムロ沢徒渉点。狭い流れだが、水量があるので雨中・雨後は要注意

5 湿原帯の木道はすべりやすいので注意して進んでいこう

6 小松原避難小屋。小屋脇から小沢を渡り、尾根道を行けば日蔭山へは1時間弱

＊コース図は50〜51ページを参照。

20

越後側から登る静かな名峰
稲包山

いなつつみやま
1598m

日帰り

歩行時間＝5時間
歩行距離＝8・5㎞

技術度
体力度

コース定数	＝**19**
標高差	＝443m
累積標高差	↗685m ↘685m

↑稜線からの平標山、仙ノ倉山

↑平標山松手尾根からの稲包山

山頂は上越《じょうえつ》国境より少し群馬県側に入るが、新潟県側からのアプローチもよく、山頂からの展望は抜群。シーズンを通して静かな山旅を味わうことができる。

浅貝《あさがい》集落から国道353号に入り、湯《ゆ》ノ沢沿いを進むと、車道の終点が**旧三国《みくに》スキー場**だ。スキー場跡は植林され、山はまた元の姿に戻ろうとしている。ゲレンデ跡脇の道標に導かれ、登山道に入る。「通行止」の標識がなんだか不思議だ。

稲包山山頂

ところどころぬかるんだ場所は

■鉄道・バス
往路・復路＝JR越後湯沢駅からバスで苗場スキー場下車。その後登山口まで徒歩1時間ほど。

■マイカー
国道17号浅貝から国道353号を通り、旧三国スキー場へ。登山口周辺に充分な駐車がスペースある。国道353号は、カーブが多く運転に注意が必要。

■登山適期
5月中旬から11月上旬。ブナの新緑、紅葉、初夏のシャクナゲ、登山道脇のヤマアジサイが美しい。

■アドバイス
▽降雨時はガランノ沢の徒渉に注意が必要。
▽ササの繁茂が著しく、足もとに注意。
▽縦走を計画する際は、途中に鉄塔の巡視路がまじわっているので、迷いこまないように。
▽国道117号沿い、湯沢町市街に共同温泉施設がある。

ガランノ沢の徒渉

■問合せ先
湯沢町役場☎025・784・3451、湯沢町観光協会☎025・785・5505、南越後観光バス湯

あるが、夏にはたくさんのヤマアジサイの花が彩りを添える。やがてカラマツ林をすぎると**ガランノ沢徒渉点**に到着。ひと息入れるにはちょうどよい。対岸のカラマツ林を抜け、小沢を渡っていくと、しだいに急な登りとなる。ひと汗かいたころ明瞭なブナの尾根になり、まもなく**国境稜線**だ。

ブナの木々に包まれるように登山道はアップダウンを繰り返す。ササに隠れるような三坂《みさか》峠をすぎ、**西稲包山**へ。たどってきた道を振り返れば、はるか佐武流山《さぶりゅうやま》、白砂《しすな》山《やま》方面、前方には仙ノ倉山《せんのくらやま》、平《たいらっ》標《ぴょう》山《やま》と展望がすばらしい。

景色を楽しみながら行くと小稲包山に着く。正面にピラミダルにそびえる稲包山に出会う。大きく下って登り返すと、三国峠へ向かう分岐に到着。右に折れ少し登れば360度の展望が望める**稲包山**山頂はすぐそこだ。

帰りは来た道を戻るが、車をもう1台用意して三国峠への縦走、また、逆もロングコースとして楽しむことができる。さらに群馬県と新潟県、長野県の県境100キロにおよぶ「群馬県境稜線トレイル」が整備されたことから、その途中にある本コースはエスケープルート、アプローチルートとしても期待される。　（小堺和久）

沢車庫☎025・784・3321
■2万5000分ノ1地形図
三国峠・四万

CHECK POINT

1 カーブが続く国道353号。車の運転には注意のこと

2 三国スキー場跡の車道終点手前に立つ奇岩のチョウチン岩

3 旧三国スキー場のゲレンデ跡脇の登山道入口に入る

4 ぬかるんだ道は、途中まで長靴がほしくなるほどだ

5 ブナの中の登山道。アップダウンを繰り返して進む

6 ササが密で足もと注意。分岐を右に折れれば山頂は近い

21

平標山・仙ノ倉山

アクセスがよく、気軽に高山植物と牧歌的な眺望が楽しめる山

たいらっぴょうやま 1984m
せんのくらやま 2026m

日帰り

歩行時間＝7時間5分
歩行距離＝14・0㎞

技術度
体力度

コース定数＝31
標高差＝1051m
累積標高差 ↗1330m ↘1330m

仙ノ倉山山頂より平標山方面を望む。うしろは苗場山

平標山山頂から見る仙ノ倉山

平標山、仙ノ倉山は、谷川《たにがわ》連峰の西端に位置し、群馬県利根《とね》郡みなかみ町と新潟県南魚沼《みなみうおぬま》郡湯沢《ゆざわ》町にまたがっている。

平標山は「花の百名山」、仙ノ倉山は「花の二百名山」に選ばれている。両山とも山容は穏やかで、高山植物の群落が続き、開放的で牧歌的な眺望が得られる。谷川岳から万太郎山《まんたろうやま》を経て上越《じょうえつ》国境稜線を縦走する登山ルート沿いに位置するが、ここでは、国道17号の湯沢町元橋《もとはし》にある平標登山口から平元《ひらもと》新道経由で入山し、平標山〜仙ノ倉山間を往復、松手山《まつでやま》コースを下山して元橋に戻るコースを紹介する。

登山口の元橋には、国道沿いに広い駐車場があるほか、上越新幹線越後《えちご》湯沢駅からの路線バスが運行しており、アクセスに恵まれている。駐車場から道標にしたがって遊歩道を進むと岩魚沢《いわなさわ》

■鉄道・バス
往路・復路＝上越新幹線越後湯沢駅から平標山登山口まで南越後観光バスで約35分。本数は1日約10往復。

■マイカー
登山口の元橋へは、関越自動車道月夜野ICから国道17号経由で45分、湯沢ICから25分。駐車場（有料）が国道17号沿いにある。約150台駐車可。トイレあり。

■登山適期
稜線上の残雪がなくなり、ハクサンイチゲやハクサンコザクラなど、いっせいに高山植物が咲く6〜7月がベストシーズンで入山者も多い。秋には澄みきった青空の中で眺望が楽しめ、降雪がはじまる10月下旬ごろまでが登山シーズンといえる。

■アドバイス
▽水場は、平標山乃家および平元新道登り口にある。

■問合せ先
平標山乃家☎090・7832・0316（9〜15時）、湯沢町観光協会☎025・785・5505、南越後観光バス湯沢車庫☎025・784・3321、ゆざわ魚沼タクシー☎025・784・2025

■2万5000分ノ1地形図
三国峠

林道に合流し、さらに進むと**平元新道の登り口**となる。樹林内の木の階段をひたすら登ると突然眺望が開け、**平標山乃家**に出る。

これから登る平標山へと続く登山道の右手には、なだらかな仙ノ倉山、さらに右手には対照的に荒々しいエビス大黒《だいこく》ノ頭《かしら》がのぞき、上州の山々も遠望できる。山の家にある「仙平清水」は最後の水場となるので、充分に補給しよう。

平標山乃家からは高山植物と眺望を楽しみながら木の階段を登って高度を上げると、**平標山**山頂に到着する。名前の通り広くなだらかな山頂で、左手に浅貝《あさがい》川の谷をはさんで、苗場山《なえばさん》、右手にこれから向かう仙ノ倉山および登山道が見える。

仙ノ倉山までは木道を歩く。さえぎるもののない景色の中を高山植物を楽しみながら進み、小ピークを越えると**仙ノ倉山**山頂に到着する。谷川連峰唯一の２０００メートル峰からは、３６０度の眺望が展開し、双耳峰の谷川岳へと続く稜線を望むことができる。山頂には方位盤があり、山座同定も楽しい。

平標山に戻り、松手山コースを下る。**松手山**までは眺望を楽しめるが、その先は樹林帯となる。**送電鉄塔**から先は急な下りとなり、**元橋**の駐車場に出る。（高橋英夫）

CHECK POINT

1 元橋の駐車場。ハイシーズンには混雑することもある

2 岩魚沢林道を1時間強で平元新道登り口に到着する

3 平標山乃家のテラス。仙ノ倉山の右手はエビス大黒ノ頭

4 平標山山頂より松手山コース方面を望む

5 谷川連峰最高峰の仙ノ倉山山頂。360度の展望が広がる

6 松手山からどっしりした山容の平標山を振り返る

22 万太郎山

吾策新道から谷川連峰の秀麗な頂へ

まんたろうやま
1954m

日帰り

歩行時間＝9時間10分
歩行距離＝15・2km

技術度

体力度

コース定数	=**40**
標高差	=1348m
累積標高差	↗1745m ↘1745m

万太郎山を仰ぐ

新潟県側から見る谷川《たにがわ》連峰の中で、万太郎山の美しい山容は際立つ存在といえよう。東西にのびる谷川連峰の中間に位置し、東の谷川岳から約3時間、西の平標山《たいらっぴょうやま》からは約4時間かかる縦走路上にある。群馬県側からの登路はなく、直接登るルートはここで紹介する吾策《ごさく》新道のみで、人気の谷川連峰にあって静かな山旅を楽しめる。

JR土樽《つちたる》駅を出たら関越自動車道をくぐって蓬《よもぎ》橋を渡り右折する。魚野《うおの》川沿いに進み、上越線をくぐると、まもなく安全登山の広場がある。吾策新道を切り開いた高波吾策の胸像が立ち、近くの湧水は「吾策清水」とよばれている。広場から数百メートル先が万太郎山登山口の分岐で、橋を渡り左に折れ、急坂を上がっていくと清水トンネル手前の高速道路をくぐり、万太郎谷に沿って進む。わかりづらいが道標にしたがって進もう。ほどなく**万太郎谷取水口**の堰堤前に駐車可能な広場がある。道はすぐ上で車止めとなる。車の場合はここから歩きはじめる。

しばらく林道を行くと右手に小さな沢（クワ沢）があり、そのすぐ先に**登山口**の道標が立つ。登山道に入ってしばらくは国有林の中のよく整備された道で、下部の杉林帯を抜ければ気持ちのよい雑木林が展開する。すべりやすいところもあるので転ばないように注意しよう。舟窪《ふなくぼ》まで緩急入り混じった登りが続く。

舟窪から万太郎尾根の稜線へ上がると灌木越しに展望がきくようになり、毛渡《けど》沢越しに仙《せん》ノ倉山《くらやま》が大きな山容を見せる。灌木の尾根をひと登りで**大ベタテ沢《さわ》ノ頭《かしら》**に到着。万太郎谷を囲んで茂倉岳《しげくらだけ》から谷川岳、オジカ沢ノ頭へと続く山々は迫力満点の景観だ。すっきりとした三角錐の万太郎山が美しい。

さらに尾根を**井戸《いど》小屋《ごや》沢《さわ》ノ頭《かしら》**まで登ると万太郎山のすっきりしたピークは、ゴツゴツした険しい岩尾根のように見える。

少し下って急なザレ場をやりすごし、どんどん高度を上げる。ゴツゴツした岩峰帯は、右の毛渡沢

■**鉄道・バス**
往路・復路＝JR土樽駅が最寄り駅。
■**マイカー**
関越自動車道湯沢ICを降り、県道541号を土樽駅へ。駅から先は道が狭くわかりにくいので徐行して迷わないように注意しよう。
■**登山適期**
登山道の雪が解ける5月下旬から紅葉が楽しめる11月上旬までが適期。
■**アドバイス**
▽多くの登山道が開かれている谷川連峰では、JR線の利用価値が高く、新潟県側の土樽駅と群馬県側の土合駅を利用するコースを計画するとおもしろい。
▽登山口まで案内看板は少なく、コースを間違いやすいので、事前に地図などでよく調べておこう。

側に道が切られており、危険な箇所はない。

　標柱が立つ稜線分岐まで来れば、いっきに上州側の景色が開けて、谷川連峰を吹き渡る風が気持ちよい。山頂は分岐を右に折れてすぐそこだ。

　万太郎山山頂はこぢんまりとした広さで、３６０度の大パノラマが楽しめる。東の谷川岳、西の仙ノ倉山と、連なる稜線上の山々の眺望を楽しもう。もちろん遠い山並みの眺めもすばらしい。

　下山は往路を忠実に戻る。

（羽鳥　勇）

CHECK POINT

1 登山口の車止め。背後の山は足拍子岳

2 林道を進み、吾策新道登山口から右に登山道へ

3 井戸小屋沢ノ頭から吾策新道を振り返る

4 井戸小屋沢ノ頭から険しさ増す万太郎山を仰ぐ

5 毛渡沢越しに見る仙ノ倉山は雄大だ

6 万太郎山山頂からは360度の大パノラマが楽しめる

▽登山口や駐車場付近にトイレはないので、土樽駅のトイレを利用。
▽ルート上に水場はないので、事前に用意するか、登山口の沢水で補給。
▽ルート上に避難小屋はない。主稜線を仙ノ倉山方面に約40分のところに越路（こしじ）避難小屋（7人収容）、谷川岳方面に約70分で大障子（おおしょうじ）避難小屋がある。
▽下山後は日帰り入浴施設で汗を流そう。マイカーなら湯沢町中心部に向かって松川橋を渡ってすぐに左折、約2キロ先に岩の湯がある。電車なら越後湯沢駅構内の土産物店ぽんしゅ館の酒風呂・湯の沢、または湯沢駅東口から歩いて3分に江神（えがみ）共同浴場がある。

■問合せ先
湯沢町観光協会☎０２５・７８５・５５０５、湯沢町観光商工課☎０２５・７８４・４８５０

■２万５０００分ノ１地形図
茂倉岳・水上

23 茂倉岳

しげくらだけ
1978m

道脇を飾る高山植物と谷川連峰の展望が楽しみな周回コース

日帰り

歩行時間＝9時間35分
歩行距離＝15・1km

技術度
体力度

コース定数	＝40
標高差	＝1323m
累積標高差	↗1757m ↘1757m

茂倉岳全景（右）と一ノ倉岳（左）を見る

武能岳直下から蓬峠方面を望む

谷川《たにがわ》連峰の新潟県側には、同地点発着でたどることのできるいくつかの周回コースがある。その中でも比較的交通の便がよい土樽《つちたる》を起点とする茂倉岳～蓬《よもぎ》峠コースを紹介しよう。谷川岳の展望と縦走気分を味わえる少し長い日帰りの山旅だ。

車を蓬沢林道と魚野《うおの》川にかかる橋の**分岐**付近に駐車。電車、バス利用の場合は、土樽駅から徒歩30分弱でスタート地点。分岐から茂倉新道登山口までは10分あまり。**登山口**には広い駐車場があり、車の場合、ここに駐車してもよい。

茂倉新道は取付が急登で先が思いやられるが、すぐにブナ林の中に入り、清々しい気分になる。しだいに道はやせてきて檜廊下《ひのきろうか》とよばれる地点へ。根張りが重なり歩きにくく、濡れているときにはすべりやすいので注意したい。

檜廊下を抜けると**矢場《やば》ノ頭《かしら》**に出る。万太郎山《まんたろうやま》、谷川岳、これから向かう茂倉岳、目を転じて足拍子《あしびょうし》岳《だけ》、日白山《にっぱくさん》などが一望できる。登山道はうねるようにのびて長さを感じるが、道の脇に咲く高山植物が疲れをいやしてくれる。山頂が近づくころ**避難小屋**に到着。きれいに整理され、水場も小屋の下1分のところにあり、ここでゆっくり1泊するのもよい。

小屋から山頂まではひと息だ。

■**鉄道・バス**
往路・復路＝JR上越線土樽駅下車。本数が少ないので、あらかじめ下山時の時刻を調べておくこと。

■**マイカー**
関越自動車道湯沢ICで降り、国道17号で土樽駅方面に入る。

■**登山適期**
5月下旬から10月下旬。新緑や芽吹きの5～6月。高山植物が咲きほこる7～8月。10月中旬の紅葉。シーズンを通して楽しめる。

■**アドバイス**
▽残雪の多い年、10月の寒気が入った時の装備に注意。
▽蓬沢は数回の徒渉があり、増水時は注意が必要。
▽天候急変時のエスケープルートを事前に確認しておくこと。
▽登山コースがたくさんあり、いろんな組み合せが楽しめる。
▽湯沢町市街に共同温泉施設がある。

■**問合せ先**
湯沢町役場☎025・784・3451、湯沢町観光協会☎025・785・5505、南越後観光バス湯沢車庫☎025・784・3321

■**2万5000分ノ1地形図**
土樽・茂倉岳

谷川岳の喧騒をよそに**茂倉岳**山頂は静かだ。悠然とした山頂からは、平標山《たいらっぴょうやま》へ続く縦走路、湯檜《ゆび》曽《そ》川を囲む峰々など、展望がすばらしい。

眺望を楽しんだあとは、蓬峠へ向かう。一面のササの斜面を大きく下り、笹平《ささだいら》を目指す。急な岩場の下りは慎重に。やっとたどり着いた笹平から、今度は急登にかかる。岩に水が流れているのでスリップに注意して登ろう。何度かのアップダウンで**武能《ぶのう》岳《だけ》**山頂へ。振り返ると茂倉岳が大きくそびえている。

武能岳山頂から見下ろす蓬峠は、道が交差し、まさに峠にふさわしいたたずまいだ。**蓬峠**まで下り、小屋でひと息つこう。峠をあとに蓬新道を下る。途中水場があるので給水するとよい。整備された道をどんどん下り、東俣沢《ひがしまたさわ》の出合に着く。沢を徒渉するが、増水時は要注意。

蓬沢沿いの登山道を歩けば、やがて**蓬沢林道終点**。さらに林道を30分ほどで**起点**の橋の袂へ。充実した一日が終わる。（小堺和久）

CHECK POINT

1 道標を右に曲がると蓬沢林道分岐。茂倉岳へはこの橋を渡る

2 茂倉新道入口からは最初はやぶっぽいが、すぐに明瞭な道になる

3 檜廊下は足もとがすべりやすく、足をひっかけたりするので注意が必要

4 茂倉岳避難小屋にはトイレも併設されていてゆっくり泊まれる

5 茂倉岳山頂。ガスがかかっているときは方向に注意したい

6 蓬ヒュッテ。トイレは有料。利用前に管理人に確認のこと

24 谷川連峰北部の雄大な景観と変化を楽しむ周回コース

大源太山・七ツ小屋山

だいげんたさん 1598m
ななつごややま 1675m

日帰り

歩行時間＝7時間40分
歩行距離＝10・5km

技術度 ■■■□□
体力度 ■■□□□

コース定数＝30

標高差＝968m

累積標高差 ↗1265m ↘1265m

谷川《たにがわ》連峰の南端と北端には奇しくも「大源太山」という名をもつ2つの山がある。ここで紹介する大源太山は谷川連峰の北端にそびえる孤峰で、その鋭く個性的な山容から「上越のマッターホルン」ともよばれている。近年、「謙信ゆかりの道」が整備され、大源太山と谷川連峰主稜線をめぐる周回コースが人気だ。このコースの最高峰七ツ小屋山は、谷川連峰の数ある名峰の中では目立たない存在だが、この周回コースでは大源太山と甲乙つけがたいほど魅力的な山として存在感を示してくれる。大源太山から七ツ小屋山を経由して「謙信ゆかりの道」を下るコースを紹介しよう。

湯沢《ゆざわ》町中心部から大源太キャニオンに向かって東へ進路をとると、進行方向に見え隠れする大源太山の山容は、否が応でも登高意欲をかき立てる。旭原《あさひばら》集落先の道標を右の林道へ入り、終点まで行くと**登山口**だ。

縦走路から大源太山を振り返る

大源太山登山口の案内板にしたがい杉林のまっすぐな道を行く。沢の瀬音が聞こえてくるとしばらくして登山道が河原に消える。北《きた》沢の徒渉点で、以前は丸太橋がかかっていたが、数年前の大水で流されたまま。水量が少なければ飛び石伝いに行けるが、多い場合は靴を脱いで徒渉した方が安全だ。左岸の登山道に上がるとすぐに「謙信ゆかりの道」を分ける道標がある。グルっと回って再びこの**分岐点**に下りてくることになる。

そのまま北沢に沿って左岸を進むが、途中の枝沢（シシゴヤ沢）も大水の被害で登山道が崩壊しており、注意が必要だ。**ムラキ沢の出合**で再び北沢を徒渉するがロープが張られているので心強い。いよいよ急登がはじまり、標高

■鉄道・バス
往路・復路＝JR越後湯沢駅から大源太線のバスに乗車、旭原バス停下車。バス停から少し先に「大源太山登山口」の大きな道標が立っていて、右の林道を終点登山口まで約3㌔歩く。バスの本数は少ない。

■マイカー
旭原から先の林道は約3㌔先の登山口駐車場で終わる。駐車場は狭く10台くらい。最盛期には林道脇に長い車の列ができる。

■登山適期
5月中旬から11月上旬。特に新緑の5～6月、紅葉の10月がベスト。

■アドバイス
▽登山口にトイレはない。湯沢町周辺のコンビニや公衆トイレを利用。
▽数年前の大雨被害で北沢沿いの登山道はかなりいたんでいるので、沢を徒渉する際は充分気をつけよう。
▽急峻な岩山は降雨時の増水が早いので、水量や流れの速さを見極め、不安に感じたら無理せず引き返す勇気をもとう。
▽大源太山山頂からの下降路はこのコース最大の難場だが、鎖やロープが設置されており、慎重に通過すれば問題ないだろう。

■問合せ先
湯沢町観光協会☎025・785・5505、湯沢町観光商工課☎025・784・4850、南越後観光

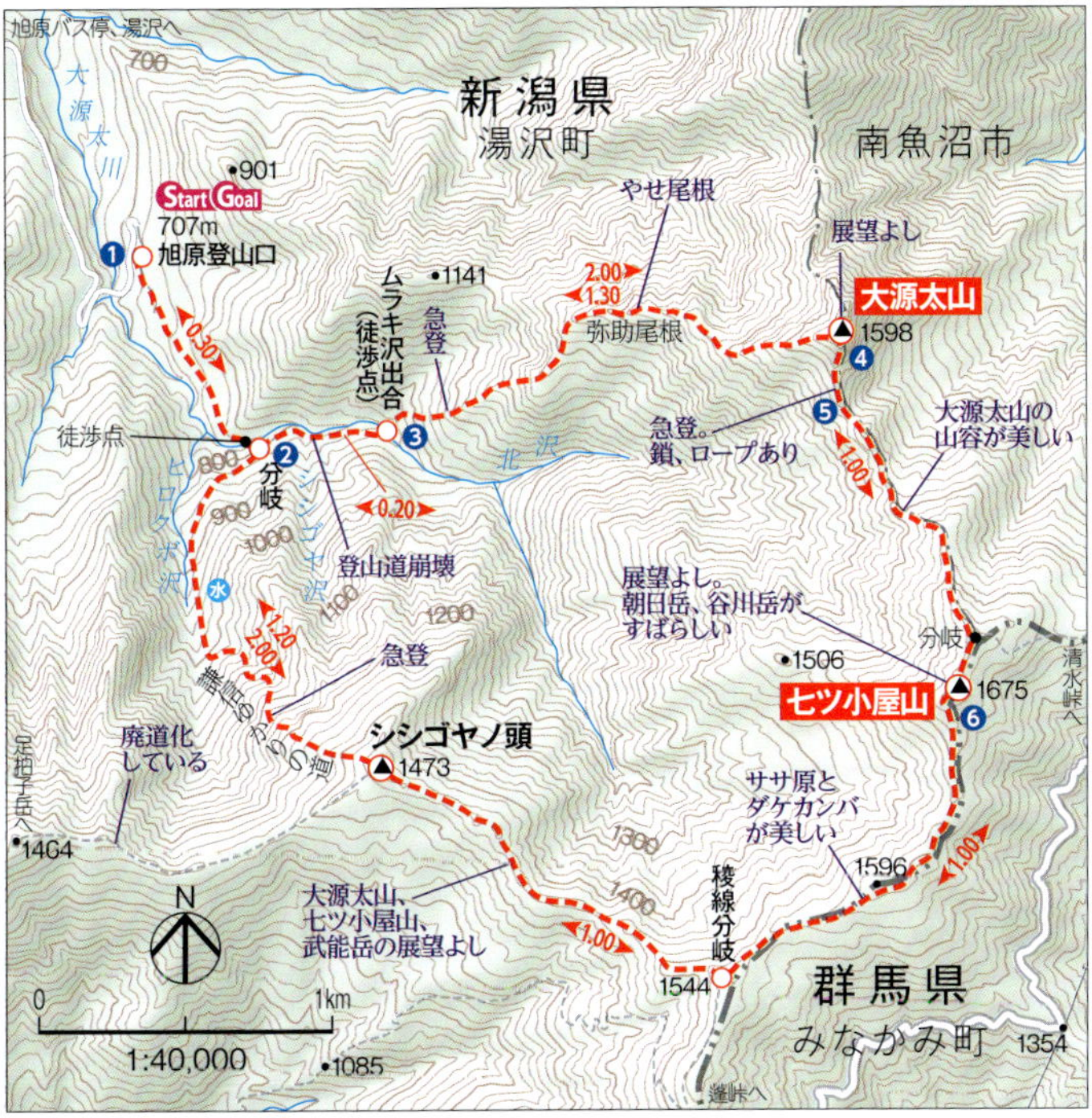

をどんどん上げる。傾斜が緩み弥《や》助《すけ》尾根に合わさるあたりに来るとブナ林は美しく、樹間から大源太山が望める。

大源太山山頂は360度のパノラマだ。特に谷川連峰から巻機山《まきはたやま》へ続く山稜は雄大だ。

大源太山から七ツ小屋山への下りはコース最大の悪場といってよい。鎖やロープを使い足もとに注意して通過しよう。悪場をすぎれば緩やかな稜線歩きとなり、やがて谷川縦走路に出合う。蓬《よもぎ》峠方面へ右折すると、**七ツ小屋山**山頂はすぐだ。朝日岳《あさひだけ》の堂々たる山容や蛇行する稜線の奥に連なる谷川連峰がすばらしい。

雄大な山岳展望を楽しみながら稜線を歩けば1時間弱でシシゴヤノ頭への**分岐**。さらに1時間ほどでこぢんまりとしたピークの**シシゴヤノ頭**に着く。「謙信ゆかりの道」は北西の方向に明瞭に開かれており迷う心配はない。

バス湯沢車庫☎025・784・3321
■2万5000分ノ1地形図
茂倉岳

長く単調な道はすべりやすく、勢いをつけると転倒する恐れもあるので気をつけよう。気持ちのよいブナ林の中のつづら折りの道を下り、登山道脇の水場をすぎ、山腹を巻くように下っていけば往路で通過した北沢の**分岐**に着く。

（羽鳥　勇）

CHECK POINT

1

林道終点の登山口を出発する

2

分岐にある道標。ここは復路に使う「謙信ゆかりの道入口」でもある

3

ムラキ沢出合を慎重に徒渉

4

大源太山から七ツ小屋山へ

5

大源太山下降路の鎖場はコースの核心部。慎重に

6

七ツ小屋山から谷川岳。稜線の道は雄大な景色が楽しめる

25

飯士山

秀麗な山容と峻険な尾根を擁す越後湯沢の名峰

日帰り

いいじさん
1111m

歩行時間＝5時間20分
歩行距離＝5・4km

技術度

体力度

コース定数＝22

標高差＝775m

累積標高差 1023m 812m

登山道から見た飯士山

飯士山は、秀麗な姿が目を引く越後《えちご》湯沢《ゆざわ》を代表する山だ。山名よりも岩原《いわっぱら》スキー場の山といった方が思いあたる人が多いかもしれない。南東斜面はスキー場が広がるなだらかな山容だが、西側は鋸《のこぎり》尾根とよばれる細尾根、クライミングの技術が必要なスラブ帯や岩峰をもつ急峻な地形である。岩原スキー場からのコースは比較的やさしく、短時間で登れるが、今回は西側の周回コースを紹介する。

神弁《じんべん》橋を渡ると、登山口の道標があるが、時期によっては草が茂り、それをかき分けながら進むことになる。いきなりの急登で、木の根や設置されたロープをつかみながら進む。尾根に出ると、ブナ林の中で湯沢の町を見下ろしながら気持ちのよい風を受ける。登山道上には、随所に「第○休憩所」と書かれた看板があり目安となる。**標尾《ひょうお》ノ頭《かしら》**まで来ると、これから進む鋸尾根と山頂方面が見える。

負欠岩を望む

いったん大きく下ったあと、アップダウンを繰り返し、左右の切れた細尾根を歩いていると「鋸尾根」とよばれる理由がよくわかる。しかし、岩はしっかりとしており、慎重に足を運べば特に危険な箇所はない。左手には負欠《ふっかけ》岩とよばれる突き出た岩峰が見え、時にはロッククライミングをしている様子も見られる。

南峰に着くと、岩原スキー場か

■鉄道・バス
往路＝JR越後湯沢駅東口から国道17号を横断、関越自動車道をくぐり、東山フィッシングパークを目指して歩き、神弁橋を渡ると登山口がある。復路＝予め予約していたタクシーで越後湯沢駅へ戻る。

■マイカー
国道17号楽町交差点を魚野川方面に折れ、関越道をくぐり、突きあたりを右折。重機車庫が並ぶ向かいに神弁橋があり、それを渡ると東山フィッシングパークの駐車場がある。五十嵐登山口は、国道17号五十嵐入口交差点を魚野川方面に折れ、魚野川にかかる橋を渡ったらすぐに右折、道なりに登っていくと登山口への道標がある。五十嵐登山口の先に行くと、今は使用されていないテニスコートの管理棟前に着くので、ここに駐車する。

■登山適期
5月中旬～11月。カタクリやイワウチワなどの草花が楽しめる5月の新緑期と、10月中旬から11月上旬の紅葉期がおすすめ。ただし、その年の積雪量により残雪の状態が異なるため、事前確認を。

■アドバイス
▽今回紹介した周回コースは、マイカーなら2つの登山口に車をデポするか、タクシーを利用する。
▽短時間のコースだが、神弁橋コー

らの登山道と合流する。目指す山頂は、距離こそ近いが最後に急登が待っている。山頂直下の一枚岩を登りきると**飯士山**山頂で、３６０度の展望だ。谷川《たにがわ》連峰、苗場山《なえばさん》、越後三山と見あきることのない景色が広がる。

下山は、五十嵐《いがらし》口へのコースをとる。こちらも、急坂が続くので慎重に下ろう。負欠岩コースと尾根コースの分岐となる**西峰**から尾根コースに入り、高度を落とす。視界が開けると、左手に登ってきた鋸尾根のコースが見える。急な細い登山道にやぶがかぶさり、足もとが見えにくいところもあるが、あせらずゆっくり下ろう。

炭焼き窯跡あたりまで下ると、道は広く傾斜も緩やかになり、明るいブナ林が疲れをいやす。ここまで来ればゴールはもうすぐだ。涸れた沢を渡り、最後の急坂を終えれば**五十嵐登山口**に出る。

（渡辺素子・漆崎隆之）

ス、五十嵐口コースとも急な箇所が多い。

▽五十嵐口コースは尾根コースと負欠岩コースがあり、分岐がわかりにくいので要注意。負欠岩コースは急なスラブ帯もあり上級者向き。

■問合せ先

湯沢町役場☎０２５・７８４・３４５１、湯沢町観光協会☎０２５・７８５・５５０５、魚沼タクシー☎０２５・７８４・２０２５、アサヒタクシー☎０２５・７８４・３４１０

■２万５０００分ノ１地形図

越後湯沢

CHECK POINT

1 魚野川にかかる神弁橋。車のすれ違いはできない

2 急坂が多いが、ロープが随所に設置されている

3 見晴らしがよい岩原スキー場への分岐

4 360度の大展望が楽しめる飯士山山頂

5 里山ではかつていたるところにあった炭焼窯跡

6 五十嵐登山口近くの元テニスコート管理棟前の駐車場

26 巻機山

機織りの女神伝説が残る百名山

まきはたやま
1967m

日帰り

歩行時間＝8時間50分
歩行距離＝12・5㎞

技術度

体力度

コース定数＝35

標高差＝1371m

累積標高差 1457m 1457m

前巻機山まで来ると、どっしりとした、それでいて優しげな巻機山の山頂部がようやく姿を現す

池塘が点在する山頂周辺。草紅葉の時期も美しい

上越《じょうえつ》国境稜線に位置する巻機山は、そのたおやかな山容と可憐な花々、豊富な残雪などの魅力をもち、一年を通して多くの登山者が足を運んでいる。織物を特産とするこの地において、機織りの神を祀っていたという伝説も残る。それが山名の由来ともいわれており、昔から地元の人々から愛されていた山であることがわかる。

巻機山には紹介する井戸《いど》尾根コースのほか、ヌクビ沢コースと天狗《てんぐ》尾根コースがあるが、沢登りの要素が濃く危険箇所が多いため、一般向きではない。

清水《しみず》バス停より舗装された林道を40分ほど歩き、米子《こめご》沢にかかる橋を渡ると**桜坂《さくらざか》駐車場**に着く。ここで入山届をポストに入れていくこと。桜坂より歩きはじめてすぐに沢コースとの分岐となる。登山道を右に入り、20分ほど歩くと「三《さん》合五勺《ごうごしゃく》」の道標がある。登山道上にはこのように「○合○勺」と示されている箇所が多く、目安を立てやすい。

五合目までの登りは、通称「井戸の壁」といわれる樹林帯の急登だ。小さな花を探しながらゆっくりと息を整えて歩こう。**五合目**で視界が開け、米子沢の大滝や米子頭山が眺望できる。また右に視線を移せば、越後《えちご》のマッターホルン、大源太山《だいげんたやま》の峻峰も望める。

五合目から六合目あたりのブナ

■鉄道・バス

往路・復路＝JR六日町駅から清水行きのバスで約40分。事前に時刻表の確認を。下山時間に合うバスがない場合に備え、タクシーの番号も控えておくと安心。

■マイカー

関越道塩沢石打ICより県道28号、国道291号経由で清水集落へ。「巻機山登山口」の案内にしたがって左折し、キャンプ場をすぎると桜坂駐車場（有料）に着く。約60台駐車可能。

■登山適期

6月上旬〜11月上旬。豪雪地帯であり、7月でも雪渓が残る。ゴールデンウィークすぎの新緑と残雪の季節もすばらしいが、アイゼン、ピッケルを安全に使えることが条件。

■アドバイス

▽人気の山で、その分登山道の痛みが目立つ箇所もあり、ストックのキャップは必ず装着してほしい。

▽清水集落には、山菜がたっぷり乗った蕎麦を提供してくれる食堂や民宿がある。

▽日帰り入浴は、六日町IC利用の場合は六日町温泉湯らりあ、湯沢ICなら越後湯沢温泉駒子の湯がおすすめ。

■問合せ先

南越後観光バス六日町営業所☎025・773・2573

■2万5000分ノ1地形図

越後三山・平ヶ岳・巻機山

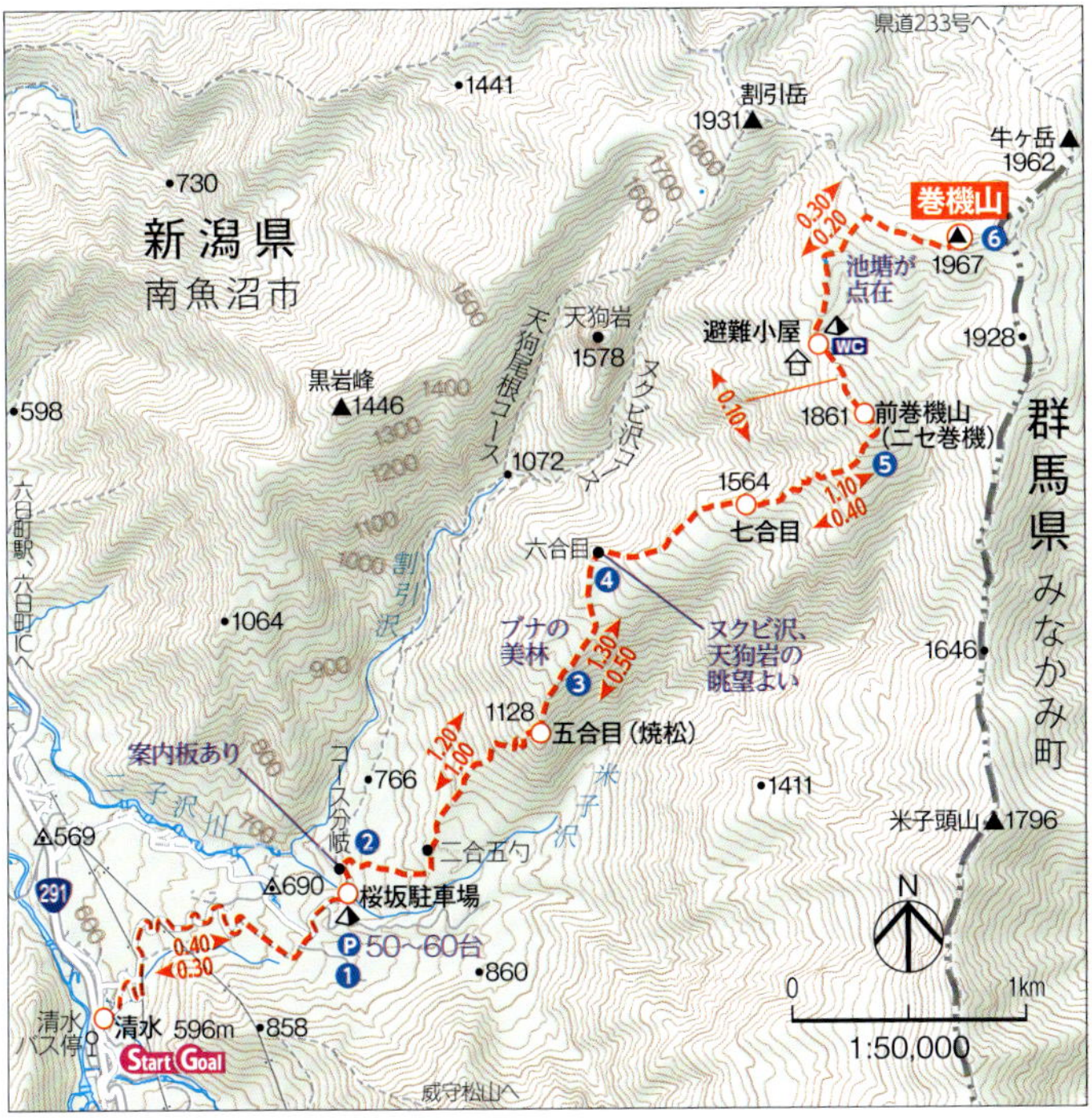

林の美しさは、巻機山の数ある魅力の中でも抜群のすばらしさである。端正な立ち姿に惚れ惚れとしながら歩いていると、すぐに六合目だ。ここからは冬でも黒々とした岩肌が露出し、ランドマークとなる天狗岩が目前に見える。

七合目までは灌木の中、深くえぐられたような道を行くため、視界は開けないが、その分小さな花やモウセンゴケなどの植物を目の高さで観ることができる。**七合目**に着くと、いっきに視界が開け、前巻機山（ニセ巻機）と右手に連なる国境稜線を目にする。緩やかで広い尾根道を進むと、植生保護のネットが張られ、階段状に木材が敷かれている登りになる。定められたところ以外は歩かないよう注意したい。また、このあたりはガレ場であり、足運びを慎重に。**前巻機山**まで来ると、ようやく巻機山が姿を現す。どっしりとした山容、たおやかにのびる稜線、いつ見ても優しい母のような山である。**避難小屋**までいったん下り、池塘が点在する中の木道を再び登ると割引岳《わりめきだけ》との分岐となり、右に5分ほど行くと**巻機山**の山頂に立つ。時間に余裕があれば、牛《うし》ヶ岳《たけ》の往復もしてみよう。夏にはニッコウキスゲが揺れ、秋は草紅葉が風になびく巻機山は、時期を変え、何度でも訪ねたい山である。

下山は往路を戻る。

（渡辺素子・漆崎隆之）

CHECK POINT

1 桜坂駐車場の橋の手前にトイレと水道がある

2 分岐。井戸尾根コース以外は一般向きではないので注意

3 五合目から六合目にかけてのブナ林は端正で美しい

4 六合目展望台から天狗岩、割引岳を望む

5 前巻機山直下。植生保護のネットを踏まないように

6 山頂標柱。最高地点は牛ヶ岳方面に10分ほど行ったところ

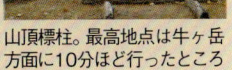

27

巻機山を背に里から立ち上がる重厚な山容

金城山

きんじょうさん
1369m（最高点）

日帰り

歩行時間＝7時間
歩行距離＝6.5km

技術度

体力度

新緑の金城山を南西側より高棚川の谷越しに望む。左の岩峰が山頂となり、右に向かいイワキ頭、1475メートル峰と連なる

イワキ頭、1475メートル峰を経て割引岳、巻機山へと続く稜線

金城山は巻機山《まきはたやま》から北に標高を落とす稜線の一角をなす。標高1369メートルとさして高くもないため、巻機山の前衛峰とされる。しかし六日町《むいかまち》の里から望む金城山は重厚かつ端正な山容を呈し、背後に巻機山をしたがえるかのごときたたずまいである。険しい岩峰が屹立する山頂付近は風格を感じさせ、展望にも優れる地元の名山だ。

複数の登山道があり、最も一般的とされるのは西面の観音山《かんのんやま》コースだが、ここでは変化に富むルートが楽しめる北面の水無《みずなし》コース・滝入《たきいり》コースの周回を紹介しよう。

なお、金城山の登山道の多くは平成23年の豪雨による損傷を受けており、注意を要する箇所もある。また、水無コースは下山での利用を禁止されていることを念頭に計画すること。

中川新田《なかがわしんでん》奥の**登山口**より分岐を左の水無コースに入る。荒れ気味の沢をペンキ印にしたがって渡る。鎖の設置された急斜面をはいあがると**二合目**に出る。この先四合目付近までは露岩混じりの急な尾根となり、ところどころに張られたロープを頼りに高度を上げる。やせ尾根のため植生は丈が低く、目指す金城山北面や背後の八《はっ》

コース定数	＝26
標高差	＝1059m
累積標高差	↗1070m ↘1070m

■鉄道・バス
往路・復路＝JR六日町駅から野中行きの路線バスに乗車し、五十沢中学校前または宮村バス停下車。中川新田方面へ南下し、登山口まで約40分歩く。タクシーを利用してもよい。

■マイカー
関越自動車道六日町ICで降りたら魚野川を渡り、三国川沿いの県道233号を南東に進む。中川新田を経て林道をしばらく進むと登山口付近に駐車スペースがある。

■登山適期
新緑が美しい5月下旬からが登山時期となるが、残雪が多い場合には沢に雪渓が残り要注意。10月中旬から11月初旬の紅葉がすばらしい。

■アドバイス
▽本コースは徒渉箇所があるため、雨天時、増水時は危険。
▽水無コースは下山禁止。
▽山頂からの眺望はすばらしいが、断崖であることを忘れないように。

■問合せ先
南魚沼市役所☎025・773・6660、五十沢温泉ゆもとかん☎025・774・2876、金城の里☎025・782・1739、南越後観光バス☎025・773・2573、銀嶺タクシー☎025・772・2440

■2万5000分ノ1地形図
六日町

海山《かいさん》、中《なか》ノ岳《だけ》方面の展望がよい。

　四合目をすぎるとブナの森となり、**五合目**や六合目にある大岩が目を引く。再び視界が開けてくると草付きの岩場を横切るようになる。鎖もあるが、岩が濡れているとすべりやすく注意が必要だ。八合目あたりからはイワキ頭《がしら》や1475㍍峰の先にのびる稜線の奥に巻機山も望める。九合目で傾斜が緩み、すぐに1369㍍の**最高点**だが展望はない。

　避難小屋を経て進めば、山頂直下の絶壁と巨岩群が眼前に現れる。威圧感さえある景観の中、石碑の立つ岩峰や岩窟をくぐるように歩くことしばらくで標柱の立つ**金城山**山頂に出る。平坦だが狭い山頂からは越後三山、巻機山、谷《たに》川《がわ》連峰の眺めがよい。南側は足もとが垂直に切れ落ちているのでくれぐれも注意したい。

　下山は滝入コースへ向かうこととし、鎖場と大規模崩壊地の脇を通り、**兎平《うさぎだいら》（九合目）**で高棚《たかたな》コースを左に分ける。観音山《かんのんやま》コースの**分岐**付近から七合目にかけては急坂で鎖場が連続する。**六合目**で坂戸山《さかとやま》へいたる主稜をそれて東に向かい、五合目までブナとナラの尾根道をたどる。

　四合目以降、大小の滝を横目に沢沿いの急な道を下り、何度かの徒渉を繰り返して高度を落とす。上流に巨岩のゴーロと大滝を望む**二合目**の徒渉点をすぎると、ようやく傾斜が緩む。杉林を横切る沢をペンキマークを頼りに渡るが、増水時には通過困難となる。さらに杉林を進み水無コース分岐で往路に合流すれば**登山口**はすぐだ。


（漆崎隆之）

CHECK POINT

1 登山口には登山届入れと、注意喚起の案内板あり

2 鎖場を経て尾根に上がるとブナ林の中の二合目だ

3 二合目から四合目間はやせた尾根の急登。展望はよい

4 草付き岩場の斜面を横切る。濡れているとすべりやすい

5 金城山山頂。南側は絶壁が切れ落ちており危険

6 滝入コースでは数箇所の徒渉がある。雨天や増水時は注意

28

八海山① ロープウェイコース

鎖場の緊張と信仰の歴史を体感する山

はっかいさん
1770m（大日岳）

日帰り

歩行時間＝6時間40分
歩行距離＝7・8km

技術度 4/5
体力度 2/5

コース定数 ＝24	
標高差 ＝610m	
累積標高差	登り 916m 下り 916m

初冬の八海山全景。中央が八ツ峰

「八海山」は魚沼《うおぬま》盆地の東側に屏風のように屹立し、峰続きの中《なか》ノ岳《だけ》、越後駒ヶ岳《えちごこまがたけ》とともに「越後三山」として知られる。その鋸の歯のような山頂部の岩峰は「八ツ峰《やつみね》」とよばれ、この山の象徴であり古くから多くの信仰を集めてきた。

山麓三地区にはそれぞれ八海山神社里宮があり登山口となっている。春秋の火渡り神事は多くの信者でにぎわうことでも知られる。

今回のコースは、八海山スキー場からロープウェイを利用するルートを紹介しよう。

ロープウェイ山頂駅からすぐの丸太の階段を登ったところに、八海山遥拝所がある。この左手の展望台からは、これから目指す薬師《やくし》岳《だけ》から千本檜《せんぼんひのき》小屋、八ツ峰を望むことができる。ここで大崎口《おおさきぐち》コースと合流する。

整備された尾根道を少し行くと四合目で、左手前方に越後駒ヶ岳が見えてくる。**四合半**で大倉口《おおくらぐち》コースと合流する。しばらく行くと右手奥にモリアオガエルの生息地であるコギ池があり、6月末ごろまでは枝に産みつけた白い泡状の卵を見ることができる。この池も年々草地化が進んでいる。

池《いけ》ノ峰《みね》の平坦な道をすぎブナ林を登っていくと、右の岩峰の下を行く胎内くぐりと分岐する。少し登ると胎内くぐりの道と再び合流。やがて視界が開け、きれいに整備された六合目**女人堂**《にょにんどう》の広場に着く。眼前に薬師岳が大きくそびえ立っている。女人禁制の時代には、女性はここから山頂を遥拝して山を下ったという。

■鉄道・バス
往路・復路＝JR上越線六日町駅から南越後観光バスの八海山スキー場行きに乗車。

■マイカー
関越自動車道六日町ICから国道17号を五日町で右折。ICから約12キロで八海山スキー場。

■登山適期
ロープウェイの運行期間である、4月下旬から11月中旬（運行日、時間は要確認）。6月はじめにはブナの新緑とタムシバ、イワウチワなどが咲き、その後、中旬には登山道全体にシラネアオイ、タテヤマリンドウ、ヒメシャガ、サンカヨウなど多くの花が咲く。紅葉は9月下旬から。

■アドバイス
▽以下のバリエーションルートがある。**新開道ルート**＝大日岳から入道岳に向かうと迂回路と新開道の分岐があり、そこからハシゴや鎖を使って下ると新開道への分岐となる。はじめは鎖などがある急下降で、4時間あまりで芝原の登山口に着く、ここからロープウェイ駐車場までは2・8キロ。**屏風道**＝登り専用ルートで鎖場が続く。4時間ほどで千本檜小屋脇に出る。
▽千本檜小屋は7月1日から10月最終日曜まで営業。食事の提供もある。要予約。☎080・5079・3375（上村）。

薬師岳山頂からの千本檜小屋と八ツ峰

女人堂で休憩をとったら、少し下り祓《はらい》川の水場となる。水場はこの先薬師岳の鞍部にもあるが、水質が悪化し使用に耐えないので、水場はここだけとなる。

気を引き締めて薬師岳の急登に向かう。ここからはハシゴや鎖がついた険しい岩場が続き、八合目薬師岳に着く。ここには多くの石仏があり信仰の山を実感する。ここから千本檜小屋と八ツ峰を望み、先へ進む。薬師岳から山頂一帯は季節ごとに花に彩られる。

やがて管理人のいる**千本檜小屋**に着く。小屋の少し先で右に迂回コースの分岐を経て、いよいよ八ツ峰への険しい岩の登下降となる。十合目の大日岳《だいにちだけ》までは19の鎖とハシゴが連続するので、初心者や、悪天候時は避けた方がよい。

近年、滑落事故が相次いでおり、登山靴など装備と技術・体力を充分考えて登ってほしいと、小屋の管理人も注意喚起している。地《じ》蔵岳《ぞうだけ》、不動岳《ふどうだけ》で引き返す、釈迦岳《しゃかだけ》の中間点から迂回路に戻るなど、無理をせず事故のない登山を楽しみたい。

大日岳の長い垂直の鎖を下ると八ツ峰は終わる。先を行くと迂回路や新開道への分岐があり、その先にこの山の最高峰である入道岳がある。時間に余裕があれば登ってみよう。

岐路は迂回路を行く。迂回路といっても、絶壁を鎖を頼りに横切るところもあり、決して気を抜くことなく慎重に足を運ぼう。千本檜小屋手前で来た道と合流し、往路を下る。女人堂直下にも滑落箇所の注意看板がある。慎重に下ろう。

ロープウェイ駅に到着すると駅脇に登山靴の汚れを落とす洗い場があるので、靴をきれいにしてロープウェイに乗りこめば、この山旅は終わる。

（高橋周一）

■問合せ先
南魚沼市役所☎025・773・6660、六日町八海山スキー場☎025・775・3311、南越後観光バス六日町営業所☎025・773・2573

■2万5000分ノ1地形図
五日町・八海山

CHECK POINT

1 ロープウェイ山頂駅上の八海山遥拝所。信仰の山のはじまりだ

2 狭い稜線なので注意喚起の案内には忠実にしたがって登っていこう

3 きれいに整備された六合目・女人堂。堂前の広場は格好の休憩場所

4 薬師岳手前の鎖場。ここからいっそうの急登となる

5 薬師岳山頂の遥拝所。ここから見る本峰・八ツ峰の山容は圧巻

6 十合目・大日岳の垂直の鎖場。最後の力を振り絞って、最深の注意で下っていこう

＊コース図は78〜79ジペーを参照。

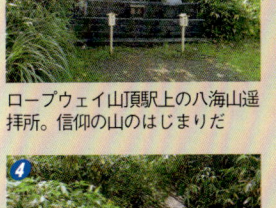

29

八海山② 大崎口コース 大倉口コース

山麓の里宮より八海山信仰の道を行く

はっかいさん 1770m（大日岳）

日帰り

Ⓐ大崎口コース 歩行時間＝12時間55分 歩行距離＝17・9km 技術度 体力度

Ⓑ大倉口コース 歩行時間＝13時間20分 歩行距離＝17・9km 技術度 体力度

コース定数＝Ⓐ51 Ⓑ49

標高差＝Ⓐ1614m Ⓑ1583m

累積標高差 Ⓐ↗2081m ↘2081m Ⓑ↗1873m ↘1873m

↑八海山大崎口の里宮

←八ツ峰の通過途中、摩利支岳・大日岳方面を望む。左奥は中ノ岳

八海山は古くから信仰の対象とされてきた。麓の各登山口には里宮が祀られ、コース上には多くの霊神塔や石碑など、信仰登山の名残を留めている。山麓から入山して薬師岳《やくしだけ》や八《や》ツ峰《みね》に向かう場合、ロープウェイ利用よりかなり長い行程となるが、信仰の山としての八海山により深く触れることができるだろう。ここでは大崎口《おおさきぐち》コースと大倉口《おおくらぐち》コースを紹介する。

Ⓐ大崎口コース

八海山尊《そん》神社下の駐車場から車道を歩き、道路終点の宮野屋（そば店）の前に出る。八海山登山口の標柱と登山届入れの脇を進めば**里宮**がある。里宮の石段を登り、右に進んだところが登山口。しばらくは杉林だが、すぐに雑木の中の急坂となる。数箇所の鎖とハシゴを越えて傾斜が緩んだところが**二合目**だ。

先を行けば右手に**金剛霊泉**《こんごうれいせん》がある。この水場からすぐのところに霊泉小屋が建つ。小屋の先は若々しいブナの植生となり、少しの急坂を経て展望のある**三合目**に出る。この先は傾斜も緩んでブナ林の歩きが心地よい。

さらにところどころ展望の開ける雑木の道を行けば、**ロープウェイ山頂駅**の上に位置する展望台がある。そこからすぐで八海山遥拝所に出る。この先の薬師岳、八ツ峰方面は28八海山①ロープウェイコース（74ページ）を参照のこと。

■鉄道・バス

Ⓐ大崎口コース＝JR上越線六日町駅かJR上越新幹線浦佐駅から路線バスに乗り、八海山入口で下車。八海山尊神社の先の登山口まで車道を約30分歩く。

Ⓑ大倉口コース＝大崎口コースと同じ路線バスに乗り、大倉入口または荒金入口で下車。八海山神社の登山口まで車道を約1時間歩く。

■マイカー

Ⓐ大崎口コース＝関越自動車道を六日町ICで降り、国道17号、国道291号を経て大崎で市道に入る。八海山尊神社の下に駐車場あり。市道終点まで歩くとすぐに里宮と登山口がある。

Ⓑ大倉口コース＝大崎口と同じく国道291号を経て県道234号へ。水無川を渡る手前で右に入ると、八海山おおくらの森の駐車場。近くにある「八海山大倉口・坂本神社入口」の看板にしたがう。

■登山適期

28八海山①（74ページ）を参照。

■アドバイス

▽ロープウェイコースと異なり長時間行動となるため、早目の出発を心がけたい。

▽大崎口と大倉口の両コースをつないで歩くと、より充実した山行となるだろう。

▽各里宮では炭の上を素足で歩き、

Ⓑ大倉口コース　丸山屋（茶店）の裏奥にある**八海山神社里宮**から登山道となる。杉林をすぎると大岩に鮮やかに着色された赤不動尊が彫られている。その先が**二合目の万代松《だいまつ》**で、猿田彦《さるたひこ》神社が祀られている。

尾根上の道を進めば**三合目の風穴**にいたる。時折樹林が開け、東に越後駒ヶ岳《えちごこまがたけ》やオツルミズ沢の滝群、西には魚沼《うおぬま》平野などの展望がよい。下層土が露出してすべりやすい足もとに注意しつつ、急坂を登りきれば、**四合半**で大崎口コースと出合う。

この先の薬師岳、八ツ峰方面は**28**八海山①ロープウェイコース（74ページ）を参照のこと。（漆崎隆之）

「家内安全・無病息災」を願う火渡祭が行われ、一般の参加も可能。大倉口里宮（5月ごろ）、城内里宮（6月ごろ）、大崎口里宮（10月ごろ）。

■**問合せ先**
南魚沼市役所☎025・773・6660、南越後観光バス☎025・773・2573、銀嶺タクシー☎025・772・2440、六日町八海山スキー場☎025・775・3311、千本檜小屋☎080・5079・3375（上村）

■**2万5000分ノ1地形図**
五日町・八海山

CHECK POINT—Ⓐ大崎口コース

1 八海山尊神社の下の駐車場。スペースは充分ある

2 里宮の階段を登り右手を見れば登山口がある

3 二合目。大崎口コースは要所ごとに鐘が設置されている

4 ひと休みしたくなってきたころにたどり着く金剛霊泉

5 金剛霊泉からすぐに霊泉小屋。裏手にトイレもある

6 緩傾斜で心地よいブナ林を進むと展望台にいたる

CHECK POINT—Ⓑ大倉口コース

1 車の場合は八海山おおくらの森の駐車場から出発する

2 駐車場手前にある看板にしたがい、大倉口に向かう

3 大倉口にある八海山神社里宮（坂本神社）

4 杉林をすぎると大岩に彫られた赤不動尊が色鮮やか

5 時々展望の開ける尾根道を行くと、三合目の風穴がある

6 四合目半でロープウェイコースに合流する

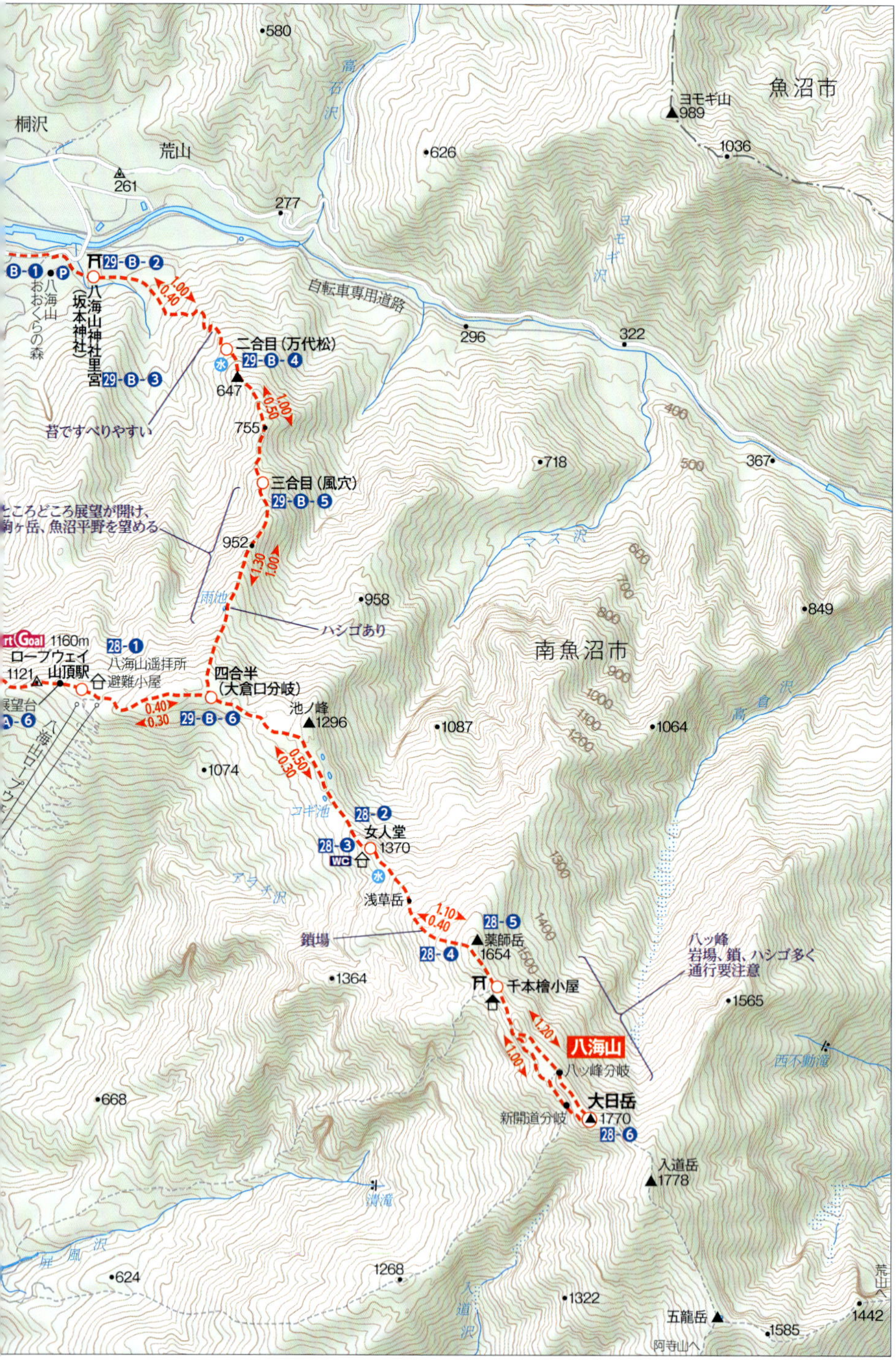

魚沼市
南魚沼市
ヨモギ山 989
1036
桐沢
荒山
261
277
580
626
高石沢
ヨモギ沢
自転車専用道路
296
322
367
718
400
500
600
700
800
900
1000
1100
1200
1300
1400
1500
マス沢
高倉沢
849
1064
1087
958
八海山おおくらの森
八海山神社里宮(坂本神社)
29-B-2
29-B-3
B-1
1.00
0.40
二合目(万代松)
29-B-4
647
1.00
0.50
755
苔ですべりやすい
三合目(風穴)
29-B-5
ところどころ展望が開け、駒ヶ岳、魚沼平野を望める
952
1.30
1.00
雨池
ハシゴあり
Goal
1160m
ロープウェイ山頂駅
1121
展望台
A-6
28-1
八海山遥拝所
避難小屋
四合半(大倉口分岐)
0.40
0.30
29-B-6
池ノ峰 1296
八海山ロープウェイ
1074
0.50
0.30
コギ池
28-2
女人堂 1370
28-3
WC
アラ木沢
浅草岳
1.10
0.40
鎖場
28-5
薬師岳 1654
28-4
1364
千本檜小屋
1.20
1.00
八海山
八ッ峰分岐
八ッ峰 岩場、鎖、ハシゴ多く通行要注意
1565
西不動滝
大日岳 1770
新開道分岐
28-6
入道岳 1778
668
滑滝
屏風沢
624
1268
大追沢
1322
五龍岳
1585
1442
荒山へ
阿寺山へ

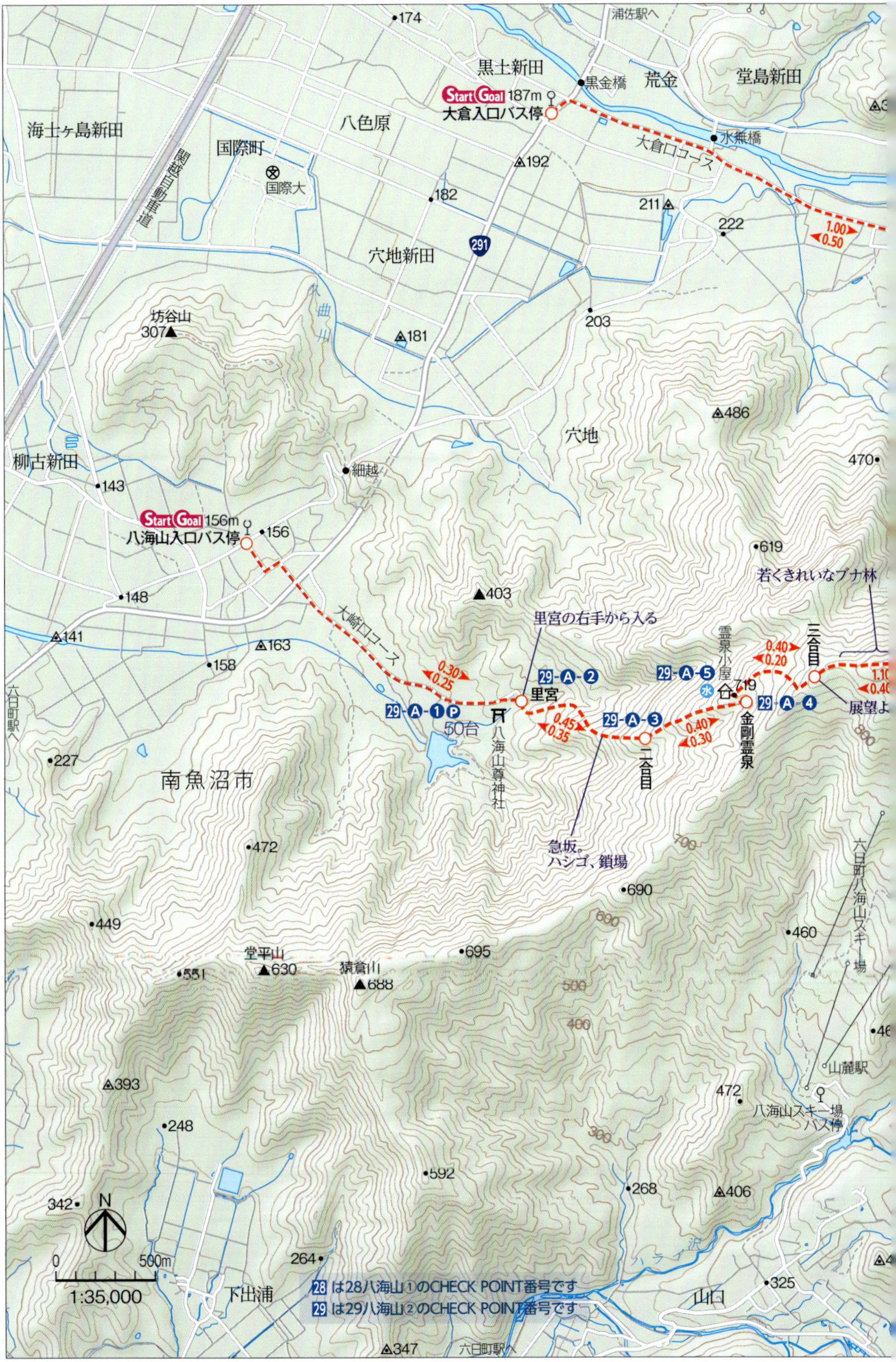

浦佐駅へ
174
黒土新田
黒金橋
荒金
堂島新田
Start Goal 187m
大倉入口バス停
水無橋
大倉口コース
海士ヶ島新田
八色原
国際町
国際大
関越自動車道
192
182
211
222
1.00
0.50
291
穴地新田
203
坊谷山
307
181
穴地
486
470
柳古新田
143
細越
Start Goal 156m
八海山入口バス停
156
619
若くきれいなブナ林
148
403
里宮の右手から入る
大崎口コース
141
163
霊泉小屋
三合目
158
0.30
0.25
29-A-2
29-A-5
0.40
0.20
719
六日町駅へ
29-A-1
里宮
29-A-4
展望よ
50台
0.45
0.35
29-A-3
0.40
0.30
金剛霊泉
八海山尊神社
二合目
227
南魚沼市
472
急坂。
ハシゴ、鎖場
700
690
六日町八海山スキー場
449
460
堂平山
630
猿倉山
688
695
551
600
500
400
393
山麓駅
472
八海山スキー場
バス停
300
248
592
268
406
342
N
0
500m
1:35,000
264
下出浦
28 は28八海山①のCHECK POINT番号です
29 は29八海山②のCHECK POINT番号です
山口
325
347
六日町駅へ

30

残雪期と紅葉がすばらしい越後三山の百名山

越後駒ヶ岳

えちごこまがたけ
2003m（1等三角点）

日帰り

歩行時間＝9時間
歩行距離＝14・0km

技術度 ▲▲△△△
体力度 ♥♥♡♡♡

コース定数＝35

標高差＝938m

累積標高差 ↗1355m ↘1355m

明神峠から目指す越後駒ヶ岳を望む

越後駒ヶ岳は八海山《はっかいさん》、中《なか》ノ岳《だけ》とともに「越後三山」「魚沼三山」とよばれている。中でも越後駒ヶ岳は山頂から小倉山《おぐらやま》にかけての鞍部がいかにも馬の背に似た優美な姿で人気が高い。まさに「天駆ける駒」を思わせる名山である。

枝折《しおり》峠、駒《こま》ノ湯《ゆ》、水無《みずなし》渓谷などから複数の登山コースがあるが、どのコースも長くきついので余裕をもった計画で望みたい。ここでは、もっとも短時間で標高差の少ない枝折峠からのコースを紹介しよう。

越後駒ヶ岳山頂から見る八海山

枝折峠からすぐに尾根道がはじまり、早朝であれば左手に朝日に染まる荒沢岳《あらさわだけ》や雲海に浮かぶ未《み》丈《じょう》ヶ岳《たけ》、奥只見《おくただみ》湖に落ちる滝雲を見ることができる。しばらく行くと銀山平《ぎんざんだいら》へ下る銀の道との分岐があり、ほどなく枝折大明神の祠が建つ**明神《みょうじん》峠**に着く。

明神峠から道行山《みちゆきやま》への道は背の低い樹林帯で、多少ぬかるんでいる。**道行山**は登山道から左に急坂を少し登ったところで、周囲の山が望めるビューポイントでもあるので、好天時はぜひ立ち寄りたい。

道行山からいったん下って目の前の小倉山の奥の駒ヶ岳、中ノ岳を見ながら登り返し、ひと汗かいたところで**小倉山**の広場に着く。ここは駒ノ湯コースとの分岐点でもある。分岐から駒ノ湯方面に少し行くと小倉山のピークがある。

小倉山からしばらく緩やかな登りの灌木帯を進むと**百草《ひゃくそう》ノ池**の標識が見える。以前は中ノ岳を映す美しい池だったが、登山者の増加

■鉄道・バス
往路・復路＝期間限定でJR上越線の小出駅から銀山平行きのバスが発着。7月上旬〜10月中旬の日曜、祝日のみ運行。1日1本。

■マイカー
関越自動車道小出ICから国道352号樹海ラインに入り枝折峠へ。ただし灰の又（駒ノ湯）から石抱橋（銀山平）までの区間は午前と午後で一方通行が切り替わる（午前は灰の又から）ので注意すること。枝折峠には20台くらいのスペースがあるが、シーズンは満車になることが多く、その場合は通行のじゃまにならないように国道脇に停めることになる。

■登山適期
ベストシーズンは7月中旬から8月上旬。この時期は豊富な残雪をまとった山々とお花畑を楽しむことができる。ただ、夏場の登山道は長時間太陽に照らされるので、水分補給など体調管理を心がけてほしい。紅葉は10月中旬。枝折峠への国道は11月

により消滅寸前となり、現在は立入禁止となっている。

百草の池をすぎるといよいよ前駒《まえこま》への急登となる。この尾根道からは平《ひら》ヶ岳《たけ》や尾瀬《おぜ》の山々が望め、急登の疲れをいやしてくれる。

前駒をすぎるとしばらく緩い岩場を行くが、ガレて切れ落ちているところもあるので注意して進もう。すると急な岩場が現れる。鎖場などもあるが、ペンキの印に沿ってすべりやすい足もとに注意を払い登っていくと、ヒョッコリという感じで**駒ノ小屋**に着く。

小屋には春から秋にかけての最盛期には管理人が常駐している。水場は小屋の右脇の急坂を5分くらい下ったところに沢の水が染み出ている。小屋脇の水は雪消えとともになくなるので雪の多少にもよるが、7月中旬くらいまでと思っておこう。残雪期には小屋の前の広場からオツルミズ沢の大雪原を望むことができる。

小屋の脇から駒ヶ岳の山頂を眺めながら整備された尾根道を登っていくと、中ノ岳との分岐に出る。分岐を右に行くとほどなく**越後駒ヶ岳**山頂だ。山頂はさほど広くはないが、ここからの八海山の姿は山麓では見ることのできない迫力に満ちている。また山頂周辺は残雪が消えるとお花畑となる。カタクリ、ハクサンシャクナゲにはじまり、7月中旬から8月上旬にかけてはハクサンコザクラ、ハクサンチドリ、ハクサンフウロ、ニッコウキスゲと移っていく。

下山は往路を下るが、小屋直下の岩場や途中のガレ場などに注意して下ろう。また、小倉山からはアップダウンが続く長い道となるので、余裕をもって下ってほしい。

（高橋周一）

CHECK POINT

1

枝折峠の駐車場とトイレ。20台ほど駐車できる。右側が登山口

2

小倉山の分岐点。右から駒ノ湯コースが出合う

3

駒ノ小屋。背後が駒ヶ岳山頂。小屋の左脇からいっきに登る

4

駒ノ小屋の右脇を5分ほど下ったところにある貴重な水場

5

越後駒ヶ岳山頂。360度の展望で、とりわけ八海山は必見

6

小倉山で紹介コースに合流する駒ノ湯コースの登山口

中旬から5月下旬の除雪がすむまで通行止めとなる。

■**アドバイス**

▽駒ノ小屋は5月連休明けから10月中旬まで。素泊まりのみ（協力金として2000円・毛布1枚貸出）。行程が長いので利用者も多く、中ノ岳まで足をのばす人も多い。

▽山頂付近のお花畑は登山道から外れないようロープが張られている。百草ノ池やその周辺の湿地帯には踏み入れないようにする。

▽以下のバリエーションルートがある。**駒ノ湯コース**＝国道352号の灰の又から駒ノ湯方面に入っていくと突き当たりに駒ノ湯に行く橋の周辺が駐車場になっており、登山口もその奥に見える。ここからは小倉山への標高差1000㍍の登りである。健脚者で3時間30分の行程だろうか。登山道はしっかりしている。登る人も少ないため小倉山までは静かな山行を楽しめる。

■**問合せ先**

魚沼市役所湯之谷庁舎☎025・792・1122、魚沼市観光協会☎025・792・7300、南越後観光バス小出営業所☎025・792・8114、奥只見タクシー☎025・795・2552、小出タクシー☎025・792・0019

■**2万5000分ノ1地形図**

八海山・奥只見湖

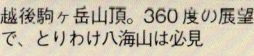

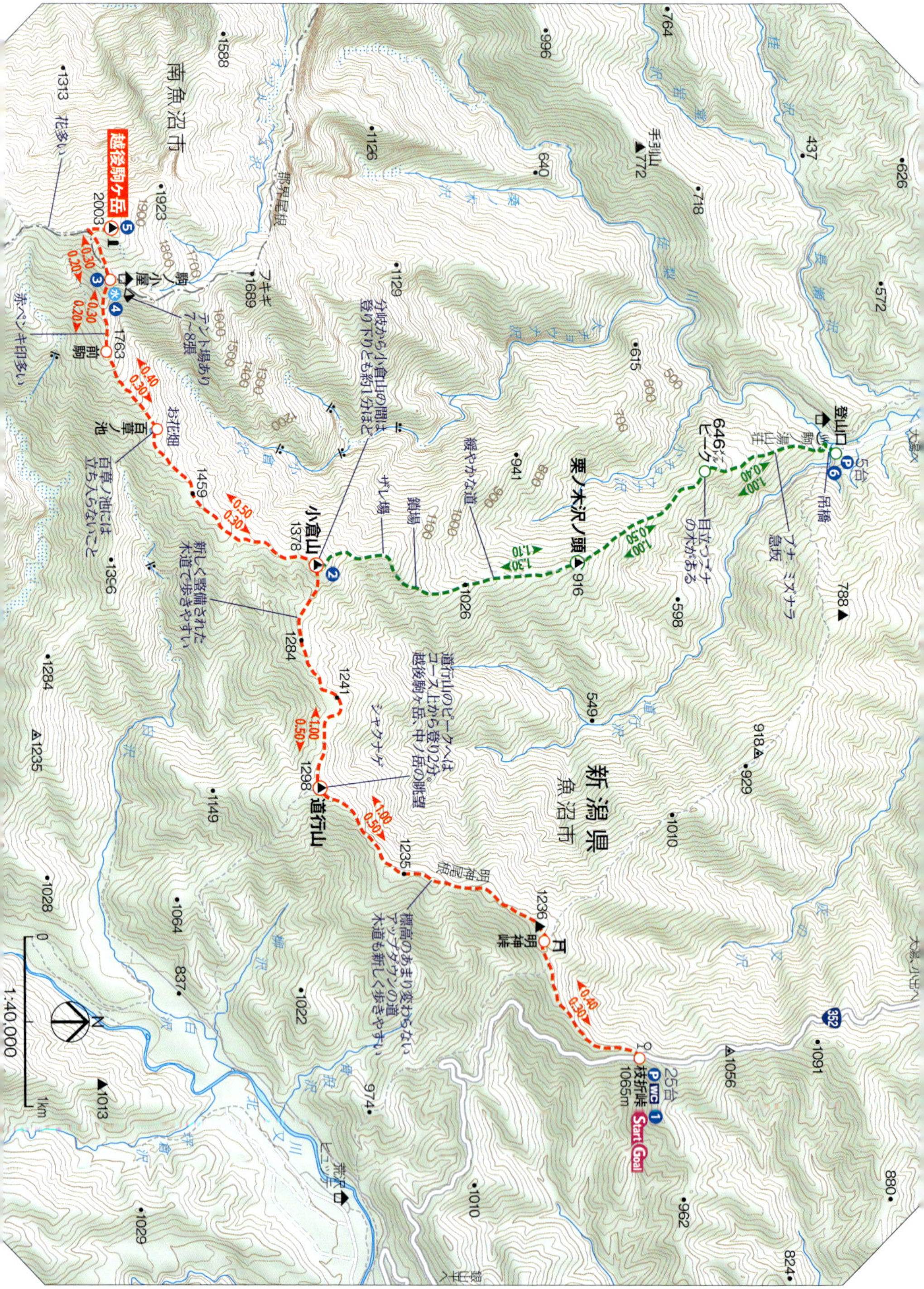
越後駒ヶ岳
2003
南魚沼市
花多い
赤ペンキ印多い
駒ノ小屋
テント場あり 7~8張
前駒
1763
百草ノ池
お花畑
百草ノ池には立ち入らないこと
1459
小倉山
1378
新しく整備された木道で歩きやすい
分岐から小倉山の間は登り下りとも約1分ほど
ザレ場
鎖場
緩やかな道
栗ノ木沢ノ頭
916
646ピーク
目立つブナの木がある
ブナ・ミズナラ
急坂
登山口
駒の湯山荘
吊橋
1284
1241
道行山
1298
道行山のピークへはコース上から登り2分。越後駒ヶ岳・中ノ岳の眺望
シャクナゲ
新潟県
魚沼市
1235
明神尾根
1236
明神峠
標高のあまり変わらないアップダウンの道
木道も新しく歩きやすい
枝折峠
1065m
Start
Goal
荒沢
北ノ又川
1:40,000

広大な湿原台地の奥にどっしりとした平ヶ岳山頂を見る

3

平ヶ岳

ひらがたけ
2141m

たおやかな山頂に点在する池塘が魅力の「日本百名山」の一山

日帰り

歩行時間＝11時間5分
歩行距離＝21・5km

技術度 ▲▲▲△△
体力度 ●●●○○

コース定数	＝46
標高差	＝1301m
累積標高差	↗1855m ↘1855m

　平ヶ岳の魅力は、ドーム状のたおやかな山頂と大小さまざまに散りばめられた池塘群、短い夏には高山植物が可憐な花を開き、秋には草紅葉……とつきることがない。さらに、そこにたどり着くには長いアプローチと日の出から日没までかかるほどの行程により、秘境の感もプラスされる。体力と時間の見極めが重要だろう。

　公共交通機関を利用する場合、JR浦佐《うらさ》駅からバスと奥只見湖《おくただみ》の定期船を乗り継ぎ、ようやく登山口に到着する。マイカー利用でも、関越《かんえつ》自動車道小出《こいで》ICから約2時間のアプローチとなる。

　登山口から15分ほど林道を歩くと、下台倉沢《しもだいくら》にかかる橋を渡る。ここをすぎると本格的な登山道がはじまる。植林地帯を抜けると、急登続きでいっきに高度を上げる。ところどころロープを頼りに登る場所や、両側が切れた細尾根が出てくるが、登山道は全体的によく整備されていて歩きやすい。左手に燧《ひうち》ヶ岳《たけ》を見ながら、なおも急坂を登れば**下台倉山**《しもだいくらやま》に着く。

　ここから先はほとんど高度の上がらない、なだらかな山歩きが延々と続く。時々姿を見せる池《いけ》ノ岳《だけ》の遠さに溜息が出るかもしれない。しかし、**台倉山**からの眺望や針葉樹林帯の香り、鳥のさえずりが歩みを助けてくれる。

　台倉山からほどなく、台倉清水の道標に出合う。右手にやぶのかぶさる小道を探し、急坂を下ると5分ほどで沢に下り立つ。時期によっては水はほとんど出ていないようなので、注意が必要だ。コメ

■鉄道・バス
往路・復路＝JR浦佐駅から南越後観光バスで奥只見ダムまで約1時間20分。奥只見から尾瀬口まで奥只見観光の定期船で約40分。尾瀬口から平ヶ岳登山口まで会津バスで約5分。定期船、会津バスとも予約制なので要注意。アクセスに長時間を要するため、前夜は鷹ノ巣の民宿に泊まる。

■マイカー
関越自動車道小出ICから約90㌔で平ヶ岳登山口駐車場へ。約40台分の無料駐車スペース、トイレあり。狭く急カーブが連続する山道のため、運転には細心の注意を払うこと。国道352号の冬期通行止め全線解除は、その年の降雪量にもよるが、6月下旬となる。

■登山適期
豪雪地帯であり、積雪期が長い。登山口までのアプローチも不可能となるため、登山可能な時期が短い。7月上旬から10月上旬が適期。長時間のコースであるため、日の短くなる秋は要注意。時間を見て途中で引き返す勇気も必要。

■アドバイス
▽平ヶ岳登山は、早立ちが必須。下山が日没をすぎてしまうことも念頭におき、ヘッドライトは必携。山小屋や避難小屋はなく、非常時以外の幕営も禁止されており、プランニン

ツガの林の中、木道を進むと**白沢**《しらさわ》**清水**に着く。小さな水たまりのように見えるが、その下から湧水がある。ただし、こちらもあまりあてにしない方がよい。

木道をさらに行くと視界が開け、足も軽くなったように感じる。灌木とササの中の道を30分も登れば、姫《ひめ》ノ池とよばれる池塘が現れ、平ヶ岳をバックにすばらしい景色を見せてくれる。夏にはお花畑、秋は草紅葉に彩られた池塘群が鏡のように空を映す景観が、これまでの疲れを吹き飛ばしてくれる。

↑自然造形の玉子石と美しい池塘群

広大な山頂付近は開放的な天空散歩が楽しめる→

池ノ岳から平ヶ岳までの木道は、途中で玉子石《たまごいし》方面へと分岐する。山頂への往復の途中で立ち寄ってみよう。自然の造形の妙に心を動かされるだろう。**玉子石**の手前で、中《なか》ノ岐《また》登山道への分岐があるが、これは一般登山道ではない。

南へのびる木道をたどり、いよいよ**平ヶ岳**の山頂だ。山頂標から剣《けん》ヶ倉《くら》山《やま》方面へさらに木道は続くが、行き止まりとなる。

晴れていれば、山頂一帯からは越後三山、奥利根《おくとね》の峰々、会津《あいづ》や日光《にっこう》方面と360度の大展望だ。長居をしたくなる居心地のよさだが、下山にかかる時間を考慮して早めに出発しよう。

（渡辺素子・漆崎隆之）

グの際には注意すること。

▽長時間の行程となるため、時間に余裕をもって計画を立てること。

▽一般車通行禁止の中ノ岐林道終点（標高1270㍍）から登る通称「皇太子ルート」は、銀山平の宿に宿泊すると登山口まで送迎してくれる。

■問合せ先

魚沼市観光協会☎025・792・7300、南越後観光バス☎025・773・2573、奥只見観光☎025・795・2750、定期船窓口☎025・795・2665

■2万5000分ノ1地形図

越後三山

CHECK POINT

約40台の駐車スペースがある鷹ノ巣登山口。早めの出発を心がけたい

下台倉山への尾根。やせた尾根上で高い木がなく、眺望がよい

ところどころ、トラロープが下がる急な露岩が出てくる

樹林帯に入り、木の根で階段のようになった登りを行く

コメツガの原生林を抜けると、池ノ岳が目前に現れる

平ヶ岳の山頂標は、木道を右に折れると隠れるように立っている

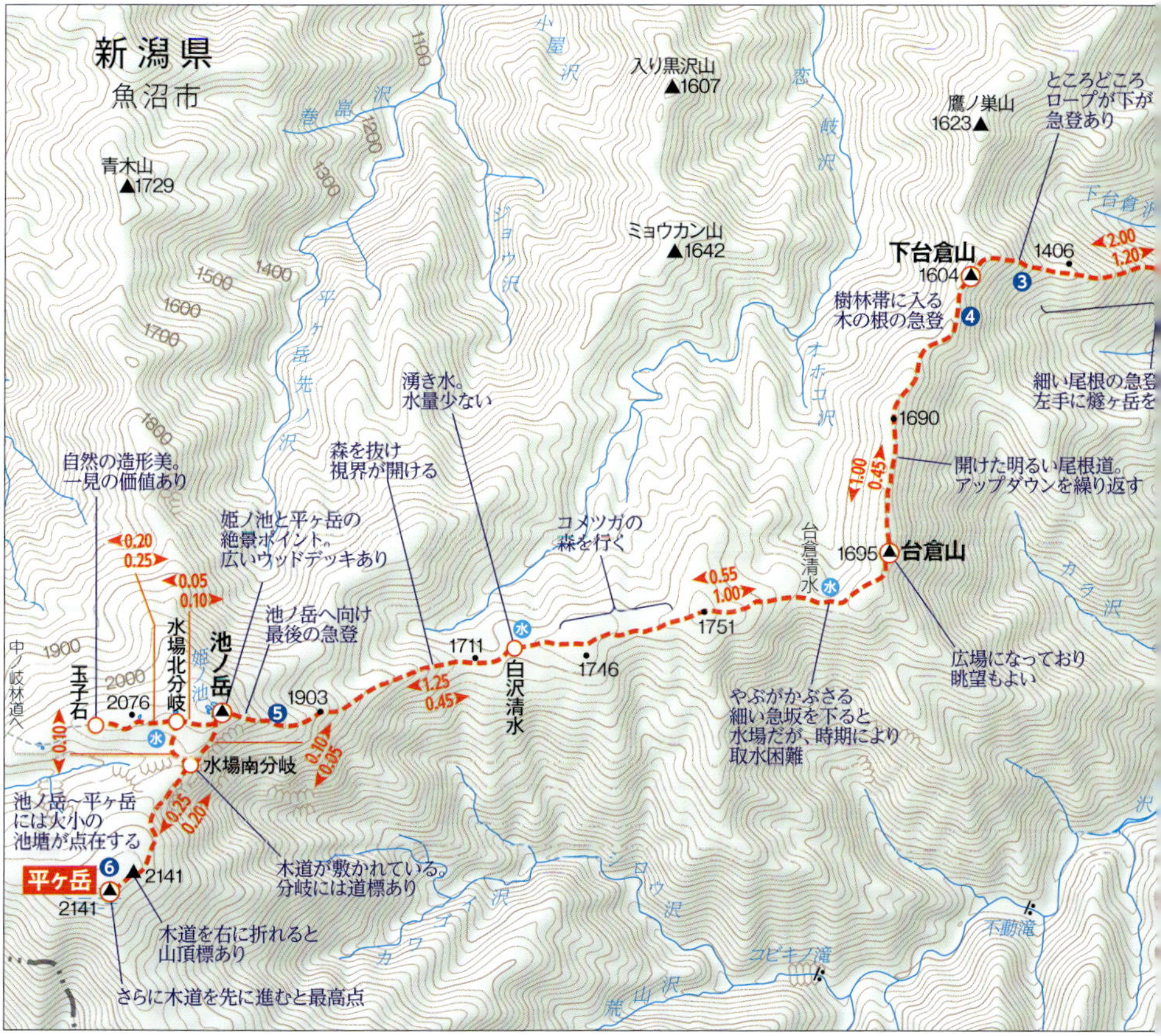

32

利根川源流の稜線と越後三山の最高峰をめぐる

丹後山・中ノ岳

たんごやま　1809m
なかのだけ　2085m

一泊二日

1日目　歩行時間＝5時間45分　歩行距離＝6.5km
2日目　歩行時間＝9時間50分　歩行距離＝10.5km

技術度
体力度

コース定数＝57
標高差＝1640m
累積標高差　2285m　2285m

登るにつれ中ノ岳は秀麗な姿となる

中ノ岳は越後三山の最高峰として、その最奥に重厚なたたずまいで鎮座する。一方、丹後山は利根《とね》川源流である大水上山《おおみなかみやま》とともに中央分水嶺の一角をなす山だ。いずれも優れた展望と静けさを併せもち、山域の奥深さにひたることができる。ここでは十字峡《じゅうじきょう》から丹後山を経て、奥利根の眺望を味わいつつ中ノ岳にいたる一泊二日の周回コースを紹介しよう。

丹後山からは駆け出したくなるような道が続く

第1日　十字峡登山センターから車道を進むと、登山カード記載所とゲートがある。ここから三国川《さぐり》の渓相を楽しみながら丹後山登山口まで林道を歩く。**登山口**から急登が続き、一部には鎖も張られている。ひと汗かいたころにようやく鉄砲平《てっぽうだいら》（一合目）。「丹後山登山道」の標柱は下部では間隔が広く、先が長く感じられるが、上部に行くほど間隔は狭くなる。

二合目をすぎ、カモエダズンネの尾根道からは中ノ岳が凛々しく、振り向けばネコブ山、下津川《しもつごう》山《やま》など玄人好みの山々が顔を見せる。**ジャコの峰**など急登が続くが、**シシ岩（八合目）**まで来ると傾斜も緩む。目指す丹後山の反対側には、本谷山《ほんたにやま》、下津川山を経て巻機《まきはた》

■**鉄道・バス**
往路・復路＝JR上越線六日町駅から路線バスで三国川ダム下の野中集落まで行けるが、野中から十字峡まではダム湖左岸の車道を2時間の歩きとなる。六日町駅からのタクシー利用が望ましい。

■**マイカー**
関越自動車道を六日町ICで降り、三国川ダム（しゃくなげ湖）へ向かう。十字峡登山センターおよび林道ゲート手前に駐車スペースがある。

■**登山適期**
雄大な展望と高山植物が楽しめる7月上旬〜8月中旬。10月初旬からの紅葉もすばらしい。11月以降は降雪があり、GWごろまで十字峡への道は雪に閉ざされる。

■**アドバイス**
▽三国川沿いの林道は、早い時期には雪渓が残り、沢へ転落する危険もある。また道沿いの急斜面からは落石も多く、特に降雨後は要注意。
▽コース上の水場は期待できない。丹後山、中ノ岳の両避難小屋には雨水タンクもあるが、充分な水分を持参することが望ましい。
▽紹介ルートの逆回りもよい。中ノ岳、丹後山それぞれの往復でも充分充実する。
▽十字峡登山センターは無人の宿泊所として利用可能（有料）。

■**問合せ先**

山《やま》へと稜線が連なる。ひと息入れてしばらく進めば丹後山避難小屋。**丹後山**を往復したら快適な小屋で脚を休め二日目に備えよう。

第2日　避難小屋からしばらくは緩やかなササ原の道が続く。利根川水源の碑、**大水上山**をすぎるといったん下ってから兎岳《うさぎだけ》へ登り返す。大水上山からは平《ひら》ヶ岳《たけ》へ、**兎岳**からは荒沢岳《あらさわだけ》へと稜線がのびる。

兎岳から小兎岳《こうさぎだけ》間は遅くまで雪が残るので注意して進もう。**小兎岳**からは中ノ岳東面の険しい岩壁を正面に望みつつ鞍部へと標高を落とす。

鞍部から岩場もまじえた急登をこなすと、山頂方面と登山口方面との分岐である**池ノ《いけ》段《だん》（九合目）**。最後のひと登りで**中ノ岳**山頂にいたれば、越後三山《さん》の残り二峰である八海《はっかい》山、越後駒《えちごこま》ヶ岳《たけ》の姿が大きく、平ヶ岳、巻機山をはじめ中越地方の主要な山々が一望できる。山頂から北に少し行けば避難小屋がある。

CHECK POINT

1 十字峡登山センター。道をはさんで中ノ岳登山口がある

2 鎖の設置された岩場を越えればシシ岩の八合目にいたる

3 ササ原の中に丹後山避難小屋が建つ。収容人数は40人程度

4 中ノ岳山頂。山頂には祠と鳥居が据えられている

下山はいったん**池ノ段**へ戻り、十字峡への道をたどる。下りはじめてしばらくはザレた急な道で、すべらないように注意。**小天《こてん》上《じょう》**（七合目）をすぎ傾斜が緩むと、池塘の続く生姜畑《しょうがばたけ》に出る。若干の登り返しで**五合目の日向山《ひなたやま》**。そばに建つ雨量観測所が目印になる。

しばらくブナ林を楽しみながら進めば、南魚沼《みなみうおぬま》方面の眺望がよい尾根道だ。**千本松原《せんぼんまつばら》（二合目）**からは鎖場もある急な下りが続く。最後は階段を経て**十字峡登山センター**に戻る。

（漆崎隆之）

南魚沼市役所☎025・773・6660、五十沢温泉ゆもとかん☎025・774・2876、南越後観光バス☎025・773・2573、銀嶺タクシー☎025・772・2440

■2万5000分ノ1地形図
八海山・兎岳

33

名物の難所を越えて秘境・奥只見の難峰へ

荒沢岳

あらさわだけ
1969m

日帰り

歩行時間＝9時間
歩行距離＝9・0km

技術度
体力度

コース定数＝33

標高差＝1207m

累積標高差 ↗1340m ↘1340m

前嵓と荒沢岳

荒沢岳は、新潟県側から尾瀬《おぜ》への玄関口、奥只見《おくただみ》の銀山平《ぎんざんだいら》が唯一の登山口である。路線バスの利用も可能だが、本数が少ないので、マイカーやレンタカーを利用する登山者が多い。

奥只見シルバーラインの長く暗いトンネルを銀山平で抜け出ると、荒沢岳が眼前に両翼を広げた鷲のような山容で迎えてくれる。急峻な山稜からいく筋もの沢が直線的に落ちこみ、雪渓を遅くまで残す豪雪地帯ならではの景観だ。

この荒沢岳に登るには、名物ともいえる最大の難所、前嵓《まえぐら》を越えなくてはならない。鎖とハシゴが連続する傾斜の強い湿った岩稜帯で、否が応でも緊張感を味わうことになるだろう。困難を越えてこそ味わえる感動を求めて奥只見の名峰へ登ろう。

登山口は尾瀬街道の国道352号沿いにあり、道路の反対側にある伝之助《でんのすけ》小屋が目印となる。登山道を登りはじめてすぐに水場があるが水量は多くない。しばらく急登が続き、ブナの美しい尾根をたどればひと汗かくころに**前山**《まえやま》に着く。前方に前衛峰である前嵓の奥に荒沢岳を望む。

前山から**前嵓下**までは、ブナやミズナラなどの樹林や奥只見湖の展望を楽しみながらの快適な尾根歩きだ。1262㍍のピークをすぎて鞍部から少し登ると、前嵓の基部に着く。

前嵓の前半は岩のまじった樹林の中の急登で、鎖とハシゴのミックスコースだ。いったん尾根に上がって後半部は中荒沢《なかあらさわ》側に下り気味に巻き、湿った露岩帯の急な登り返しとなる。ここから前嵓のピークまでが核心部なので慎重に登ろう。**前嵓**のピークに立てば、美しい荒沢岳の山巓へ向かってスッキリとした尾根がつながる。

■鉄道・バス

往路・復路＝上越新幹線浦佐駅東口から奥只見シルバーライン経由で白光岩（はっこうがん）バス停で下車。バス停から枝折（しおり）峠方面へ約500㍍先に登山口。また、上越線小出駅から枝折峠経由で荒沢岳登山口バス停で下車。どちらも本数が少なく運行期間が限られているので事前にバスを運行する南越後観光バスに確認しよう。

■マイカー

奥只見シルバーラインを銀山平で抜け、白光橋を渡りT字路を枝折峠方面へ右折。約500㍍先が登山口。駐車場は約10台。案内版、登山計画書ポスト、トイレなどがある。

■登山適期

6月中旬の山開きから10月下旬ぐらいまでが登山シーズン。難所・前嵓の鎖やハシゴは積雪期は取り外されるが、設置期間は毎年異なるので必ず問合せすること。

■アドバイス

▽山頂までは急峻な登山道が続き、大量の汗をかくので水分は充分に用意しよう。

▽前山から西側の尾根に国道へ続く踏跡があるが、近年は廃道化が進んでいる。

▽前嵓の通過は慣れない人だと予想以上に時間がかかる。メンバーの力量をみて余裕をもって計画しよう。

シャクナゲやハイマツなどの灌木で囲まれたやせ尾根の急登が続く。一歩進むごとに高度は上がるが、アゴもあがる。辛抱の登りを耐えきれば山頂稜線に抜け、眼前に平《ひら》ヶ岳《たけ》が雄大な姿で迎えてくれる。中《なか》ノ岐《また》川から吹き上げる沢風も心地よい。

主稜線を右に進み、小さな岩稜の斜面を横切り、鎖場を越えると**荒沢岳**山頂だ。狭い山頂には地元の奥只見山岳会が設置した標石が立つ。山頂からの展望はすばらしく、越後三山から上越《じょうえつ》国境の山々、眼下の奥只見湖から南会津《あいづ》の山々などが見わたせる。

下山路は往路を引き返すが、前嵓の下りは登り以上に難しく、転落事故も発生しているので慎重に通過しよう。（羽鳥　勇）

▽近年、荒沢岳から兎岳への登山道も整備され、銀山平を起点に、荒沢岳、兎岳、中ノ岳、越後駒ヶ岳を経て、銀山平へ下る周回縦走を可能にしたが、ロングコースであり、足並みのそろった健脚パーティ向けのコースだ。

▽下山後は銀山平温泉の日帰り温泉で汗を流そう。白銀の湯（☎025・795・2611）、かもしかの湯（☎025・795・2448）、どちらも登山口から車で約5分。銀山平温泉には宿泊施設（8軒）やキャンプ場もある。バスを利用する場合は宿泊した方が登山計画に余裕ができる。

■問合せ先
魚沼市観光協会（奥只見郷インフォメーションセンター）☎025・792・7300、南越後観光バス☎025・773・2573

■2万5000分ノ1地形図
奥只見湖

CHECK POINT

1

国道352号沿いにある荒沢岳登山口。背後は前山

2

前嵓の前半部は急なハシゴや鎖が連続する。慎重に登っていこう

3

前嵓中間の尾根に上がると、後半の核心部が見わたせる

4

前嵓ピークから尾根に沿って、明瞭な登路が荒沢岳へ続く

5

山頂手前で岩稜を横切るところがある。慎重に足を運ぼう

6

三角点と標石がある荒沢岳山頂。360度の大展望が楽しみ

34

峻険な尾根が目を引く奥只見の名峰

未丈ヶ岳

みじょうがたけ

1553m

日帰り

歩行時間＝7時間50分
歩行距離＝10・0km

技術度

体力度

コース定数＝**29**

標高差＝920m

累積標高差 ↗1150m ↘1150m

秋晴れの未丈ヶ岳

　未丈ヶ岳は越後《えちご》三山奥只見《おくただみ》国定公園のほぼ中央に位置する。福島県境の六十里越《ろくじゅうりごえ》から南西に毛猛《けもう》山《やま》、大鳥岳《おおとりだけ》、未丈ヶ岳、日向倉山《ひなたぐらやま》、赤崩山《あかくずれやま》、銀山平《ぎんざんだいら》へと続く山域の最高峰である。

　以前は大鳥鉱山の鉱石運搬や、ゼンマイ採りに利用された踏跡程度の道しかなかったが、シルバーラインが開通し、ようやく秘境の山から登山の対象となった。また、本州ただひとつの十二支の「未」の山として人気が出て、多くの登山者が訪れるようになり、よく踏まれた道となっている。現在は標識も設置されているが、以前は山菜採りや渓流釣りに入る道が多数あり、迷いやすかったそうだ。

山頂東側草原は格好の休憩スポット

　登山口へは国道352号からシルバーラインへ入り、泣《なき》沢待避所のシャッターを開けて、出たところが駐車スペースとなっている。シャッターは忘れずに閉めること。

　登山口すぐのゼンマイ加工小屋からほどなく、深い小沢を渡りオソ沢に出る。ここを左岸に渡って沢沿いの道を進む。「未丈ヶ岳」の標識から沢へ下り、飛び石伝いに右岸へ徒渉する。沢への登り下りは足場が悪いため、両岸に鎖が設置されている。

　川を渡りしばらくすると、黒又《くろまた》

■鉄道・バス

往路・復路＝登山口までのバス便はないので大湯温泉からタクシーを利用する。

■マイカー

関越自動車道を小出ICで降り、国道352号を大湯温泉方面へ。折立で奥只見シルバーラインに入り、トンネルの中間（13号トンネルと14号トンネルの間）にある泣沢待避所へ車を停めて、シャッターを開け広場に出て駐車する（約20台可能）。シャッターは必ず閉めておくこと。トンネル内は対向車にも充分注意。経験者の同行か、可能であれば宿の車で送迎してもらうのが安全。

■登山適期

6～10月。新緑の美しい時期と、10月中旬からの紅葉時期が特によい。シルバーライン泣沢待避所駐車場の雪が消えるのは5月下旬から6月上旬。それまでは雪囲いがあり駐車場には出られない。6月中旬以降が無難だろう。積雪期は避けること

■アドバイス

▽本コース中にはトイレはない。

▽マムシなど蛇も多いので、充分な注意が必要。

▽泣沢は降雨により増水すると、相当の流れになる。水量によっては徒渉をあきらめ、日を改めよう。

■問合せ先

魚沼市役所入広瀬庁舎☎025・7

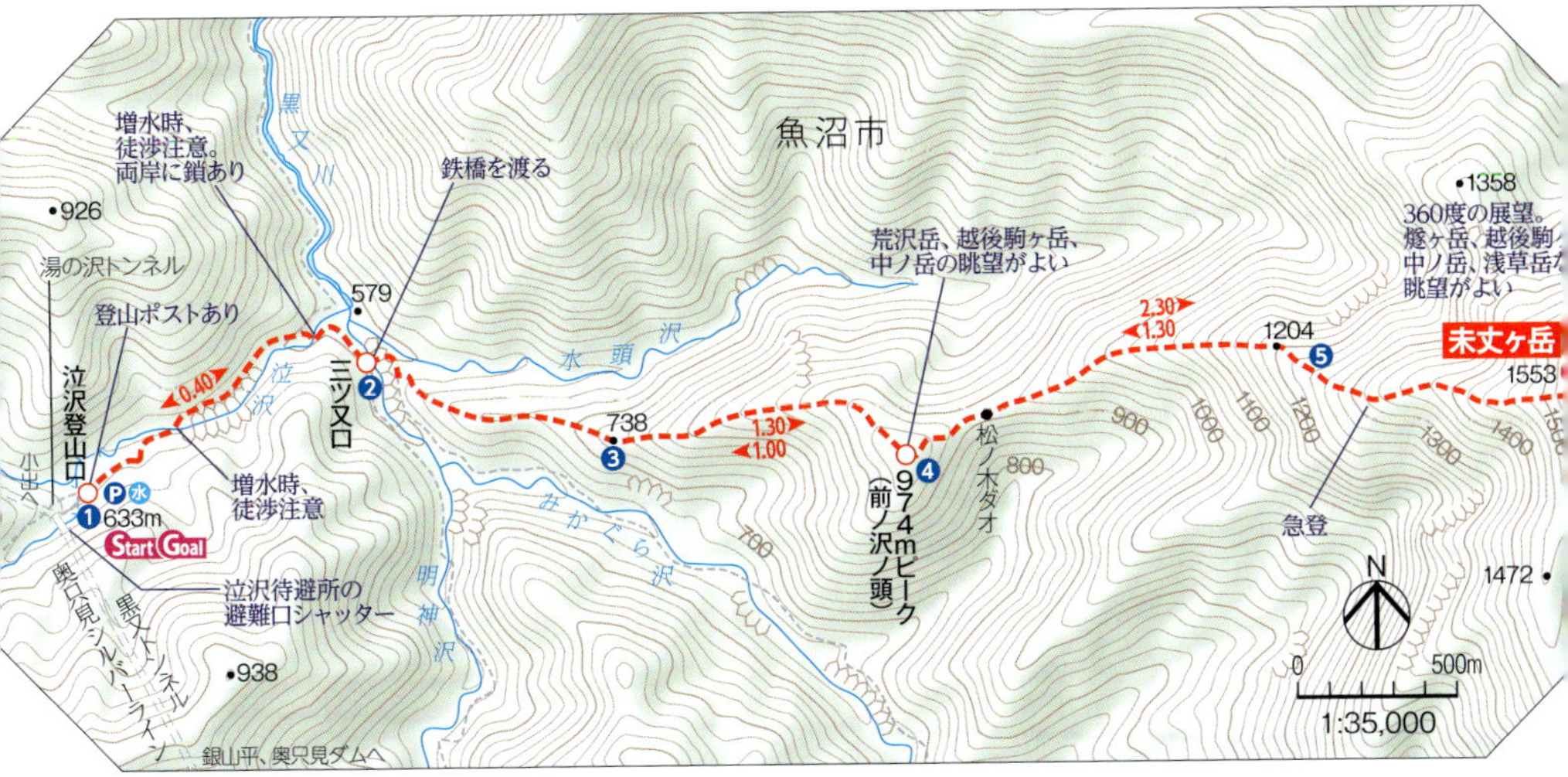

川本流の赤いりっぱな鉄橋が現れる。ここを渡ったところが**三ツ又口**《みつまたぐち》となる。ここから先の急登をすぎて開けたところへ出ると、明るい尾根歩きをとなる。ゴヨウマツが点在し、ヤマツツジも多く見られる。右手には荒沢岳《あらさわだけ》、越《えち》後駒《ごこま》ヶ岳《たけ》、中《なか》ノ岳《だけ》も目に飛びこんでくる。ところどころ花崗岩がむき出しになった崩れやすい箇所もあり、注意が必要だ。

やせ尾根を歩くこと1時間ほどで**974メートルのピーク（前ノ沢ノ頭）**を越え、少し下った鞍部が松ノ木ダオ。ここからはブナ林が広がる広い尾根道となり、しだいに傾斜もきつくなっていくが、イワウチワ、カタクリ、キクザキイチゲ、ツバメオモトの花を楽しみながら進もう。1204メートルピークをすぎると左手には毛猛山塊が見えてくる。山頂下には「三ツ岩」とよばれる横並びの3つの岩が見られる。さらに急登となり、ここを登りきると**未丈ヶ岳**山頂に到着する。

山頂は狭いが、東側には広々とした気持ちのよい草原が広がっており花も楽しめる。天候がよければ燧《ひうち》ヶ岳《たけ》、朝日岳《あさひだけ》、浅草岳《あさくさだけ》など、360度の大展望を楽しめる。

下山は往路を戻る。

（徳永多恵子）

96・2311、魚沼市商工観光課観光振興室☎025・792・9754、さわやかタクシー（奥只見）☎025・792・4141

■2万5000分ノ1地形図
未丈ヶ岳

CHECK POINT

1 泣沢待避所のシャッターをあけた先にある登山口

2 三ツ又口の鉄橋を渡って急な尾根道に入る

3 尾根道からは越後駒ヶ岳や荒沢岳などが見える

4 展望のよい尾根。花崗岩の道はスリップに要注意

5 山頂直下の三ツ岩を見ながら急坂を登っていく

6 未丈ヶ岳山頂。360度の展望が広がる

35 奇岩・猫岩が招く展望の山

唐松山

からまつやま
1079m

日帰り

歩行時間＝5時間
歩行距離＝8・8km

技術度
体力度

コース定数＝23	
標高差＝750m	
累積標高差	↗1111m ↘1111m

下りながら見る猫岩。往路で見た時とはまた違う形を見せる

駐車場から唐松山を眺める

唐松山は魚沼《うおぬま》市の中心部からほど近い破間《あぶるま》川流域の山である。町からの眺めでは、同じ稜線上に権《ごん》現堂山《げんどうやま》の陰に隠れた地味な山ともいえるが、山頂からの展望はすばらしく、奇岩の猫岩《ねこいわ》など見どころもある。登山者はそれほど多くないので、越後《えちご》の静かな山旅を楽しみたい人におすすめの山だ。

手ノ又《て また》登山口は関越《かんえつ》自動車道を小出ICで降りて車で約30分。羽根川沿いの中子沢集落の先で左折し、手ノ又沢沿いに林道を登っていくと5台ほどの駐車スペースがある。

道標にしたがい、林道から登山道に入り、急坂を登ると展望のよいやせ尾根の道となる。唐松山や越後三山が見わたせる。

ひと汗かくころに米沢《よねざわ》コースの分岐となる**滝見台《たきみだい》**に着く。正面眼下に落差20メートルの広神《ひろかみ》の名瀑・不動滝が美しい。

滝見台からは滝の音を聞きながら、上権現堂山《かみごんげんどうやま》との分岐を目指し急登を進む。新緑期ならツツジの花が励ましてくれるだろう。

分岐では右にルートをとる。標高955メートルの三角点があるいっぷく平《だいら》までの登りはきつく、本ルー

滝見台から見る不動滝

■**鉄道・バス**
往路・復路＝登山口までのバスはなく、マイカー利用が現実的。

■**マイカー**
関越自動車道小出ICで降り、国道17号を長岡に向かい、国道252号を右折する。中島の信号を右折し、破間川支流の羽根川沿いに進む。

■**登山適期**
新緑は5月下旬〜6月にかけてが見ごろ。春を彩る山の花が迎えてくれる。紅葉は10月中旬〜11月上旬。12〜3月までの積雪期は避けよう。

■**アドバイス**
▽登山口までは道が荒いので、車高の低い車は避けた方がよい。
▽水場はないので充分に用意するこ

トの正念場ともいえる。**いっぷく平**でザックを下ろし、展望を楽しもう。

ここからひとつピークを越えると、尾根上に岩こぶのような**猫岩**が現れる。猫岩山頂から下りる道は現在途絶えており、唐松山までは巻道を利用する。灌木帯の尾根道をさらに進むと唐松山手前のピークに着く。いったん下ってひと登りで**唐松山**山頂だ。

山頂はすばらしい展望台である。八海《はっかい》山《さん》、越《えち》後《ご》駒《こま》ヶ岳《たけ》、荒沢岳《あらさわだけ》、未《み》丈《じょう》ヶ岳《たけ》、檜《ひのき》岳《だけ》、浅草岳《あさくさだけ》、守門岳《すもんだけ》、上権現堂山と360度の眺めを堪能できる。特に黒又川を隔てた檜岳を含めた毛猛《けもう》山塊の山々がすばらしい。

下山は往路を引き返す。往路とは趣の異なる猫岩の景色を楽しもう。

（今井里子・羽鳥 勇）

CHECK POINT

中子沢で県道328号と分かれ、橋の手前で左に手ノ又林道に入る

県道から約2キロほど林道を走った地点にある唐松山登山口

滝見台。看板の奥から不動滝を見ることができる

上権現山分岐。左は上権現堂山へ。唐松山は右手に進む

いっぷく平から魚沼の明瞭な山麓を見下ろせる

猫岩は迂回して巻道を行く。直登する道は廃道となっていて通行不可

と。

■問合せ先
魚沼市観光課☎025・792・1000、魚沼市観光協会☎025・792・7300、雪国タクシー☎025・792・1040、小出タクシー☎025・792・0019

■2万5000分ノ1地形図
須原・大湯

36

豊富な花が見られる越後三山の展望台

下権現堂山

しもごんげんどうやま

897m

日帰り

歩行時間＝3時間40分

歩行距離＝6・6km

技術度

体力度

コース定数＝**17**	
標高差＝685m	
累積標高差	↗826m ↘826m

魚沼市から見る下権現堂山

大岩の上から見下ろす魚沼平野

下権現堂山、上《かみ》権現堂山、唐松《からまつ》山《やま》と連なる山群は越後《えちご》三山の前衛の山々だ。標高は1000m《メートル》にも満たないが、コースはよく整備されていて、花と展望がすばらしいことから、多くの登山者でにぎわう。2本ある登山道のうち、長松《ながまつ》口《ぐち》の戸隠《とがくし》神社からのコースを紹介しよう。

関越《かんえつ》自動車道小出《こいで》ICを降り、車で20分ほど行ったところにある戸隠神社の**駐車場**から歩きはじめる。戸隠神社の階段を登り、境内を右奥に進む。鐘や案内板があり、ここに登山届の箱があるので計画書を入れていこう。さらに歩くと**登山口**に着く。5分も登ると、右手に中越《なかごえ》コース分岐の看板があり、左に進む。ツバキ、オオイワカガミなどが咲く急坂を登ると展望台の業《ごう》の秤《はかり》（一合目）に着く。

ナラやマンサクなどの雑木に囲まれた尾根道を登る。振り返れば魚沼《うおぬま》平野が広がり、春には水を湛え、秋には黄金色に輝く水田を眺めることができる。

急登のあとは平坦になり、杉植林地から五合目にかけてブナの林となる。七合目をすぎ、右に回りこむと、大岩の割れ目から水が出ている。ここが**弥三郎**《やさぶろう》**清水**《しみず》でコ

下権現堂山山頂から中越の下り口までに見られる巨岩群。岩の間を通って進む

■鉄道・バス
往路・復路＝JR上越線小出駅からタクシーを利用。

■マイカー
関越自動車道小出ICで降り、国道17を右折して国道291号に入り、今泉交差点で右折して県道417号を東進、踏切を渡った先の丁字路からは、看板にしたがって登山口へ。

■登山適期
5月新緑のころがよい。展望のよい尾根道では、残雪の越後三山や水を湛えた水田を見ることができる。夏は蒸し暑いので早朝に登るとよい。

ース唯一の水場だ。

スミレ、タムシバ、ウラジロヨウラク、イワウチワなどが咲く急登は、コースいちばんの難所だが、大岩の上はコース一の展望台でもある。やがて、平坦になり、神湯《かみゆ》からのコースと合流する。**下権現堂山**の頂上は越後三山、守門岳《すもんだけ》、浅草岳《あさくさだけ》など360度の展望だ。

下りは中越にルートをとる。登ってきた道を背にそのまま進むと下りになり、上権現堂山へと向かうルートとなり、途中に中越のルートが分かれる。すべりやすい箇所があるので注意して下ろう。**中越**の看板は2つあり、どちらを下りてもよいが、ここでは2つ目の看板を進路にとる。踏跡を見失わないようにしながらブナ林の中を進む。小さな沢をいくつか渡り、草地を踏みながら木陰を心地よく進めば、やがて戸隠神社の**登山口**に戻り着く。

（今井里子・羽鳥 勇）

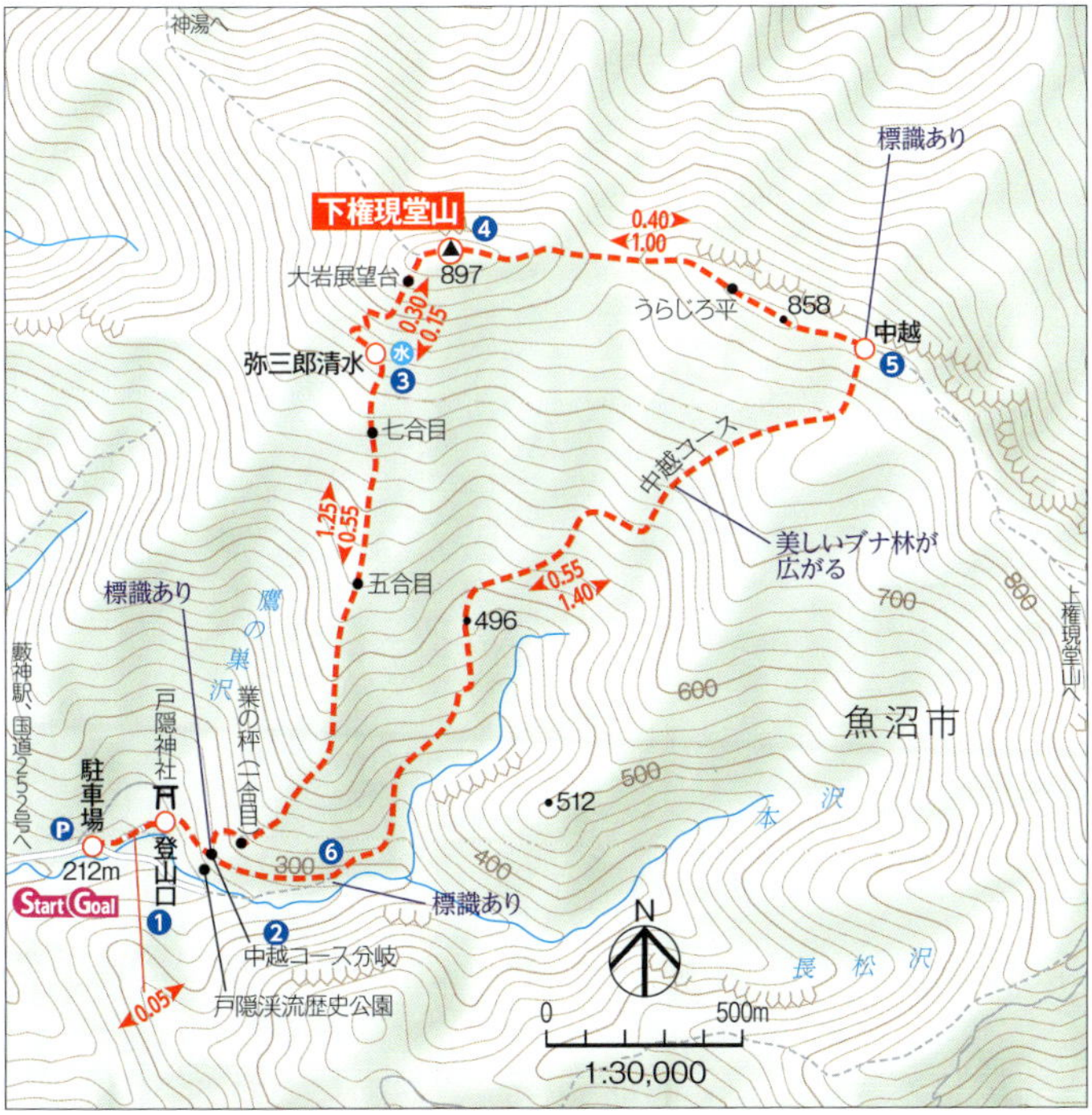

CHECK POINT

小黒川が流れ、戸隠神社のある戸隠渓流歴史公園が登山口

中越コースへの道と分かれ、左に権現堂山登山口へ

七合目の先で右に曲がりこんだところにある弥三郎清水

下権現堂山山頂は越後三山、守門岳、浅草岳の展望抜群

上権現堂山への道と分かれ、右に中越コースに下っていく

右は戸隠神社方面、左は出発点の駐車場へ

紅葉や稲穂のころもよい。

■アドバイス

▽中越からの下山は、残雪期はルートがわかりにくい。初心者は無理せず、登ってきた尾根を折り返そう。

▽体力と時間が許すなら、上権現堂山（998㍍）へも出かけてほしい。中越から往復約1時間の行程だ。

■問合せ先

魚沼市観光課☎025・792・1000、小出タクシー☎025・792・0019

■2万5000分ノ1地形図

須原

↑前岳と浅草岳との鞍部に設置された木製デッキは格好の休憩場所

←ヒメサユリ咲く浅草岳山頂付近から、田子倉湖を眼下に望む

37

会越国境の大展望にいたる越後側のメインルート

浅草岳①

桜曽根・橅曽根周回コース

あさくさだけ
1585m
（1等三角点）

日帰り

歩行時間＝5時間50分
歩行距離＝8・0km

技術度
体力度

コース定数＝**21**	
標高差＝715m	
累積標高差	↗765m ↘765m

浅草岳は新潟・福島県境の越後山脈に位置し、山深いこの山域でもとりわけ多様な自然環境を有する。北・西面には穏やかな裾野がのびる一方、南面は浸食により急峻な断崖が形成され、対照的な表情を見せる。標高は1600メートルにおよばないものの国内有数の豪雪地帯であることから、稜線や沢筋には夏まで残雪があり、ヒメサユリをはじめとした高山植物が豊富である。中腹までの重厚なブナ林をすぎるとしだいに視界が開け、山頂にいたれば全方位の大展望が得られる。会越国境の奥深さを味わうにはまたとない一座である。

両県側に複数の登山道があるが、いずれも地形や植生、景観に異なる趣がある。ここでは新潟県側から最も手軽に登られる桜曽根《さくらぞね》・橅曽根《ぶなぞね》周回コースを紹介する。

■**鉄道・バス**
往路・復路＝JR只見線大白川駅からタクシー利用が望ましい。ネズモチ平駐車場まで約30分。ムジナ沢登山口の場合は約15分。

■**マイカー**
関越自動車道を小出ICで降り、国道252号を破間川沿いに入広瀬・大白川方面へ進む。大白川駅の先で左折して県道385号へ。浅草山麓エコミュージアムの脇を通りネズモチ平駐車場にいたる。

■**登山適期**
新緑は5月中旬から美しくなるが、まだ残雪が多いため一般向きではない。6月中旬から7月中旬にはヒメサユリが盛期を迎える。紅葉は10月中旬から下旬が見ごろ。

■**アドバイス**
▽新緑目当ての早期入山の場合はムジナ沢登山口からとなるが、ピッケルとアイゼンの雪山装備、加えてルートファインディング力は必須。
▽地形図にある山頂北東側の避難小屋はすでに存在しないので注意。
▽山頂を越えて只見町入叶津側の登山道を下れば、いちだんと重厚なブナ林にひたることができる。ぜひ縦走も検討したい。
▽梅雨明けごろまではブヨが多い。
▽浅草山麓エコミュージアムでは各種展示、観察施設が充実している。

■**問合せ先**

北西側には守門岳や破間川源流を望める

起点となるネズモチ平駐車場からは、目指す山頂方面や前岳《まえだけ》、嘉《か》平与《へよの》ボッチを望むことができる。林道を10分ほど進むと桜曽根コースと橅曽根コースとの分岐（**ネズモチ平登山口**）となる。どちらを回ってもよいが、橅曽根コースは急坂もある。ここでは体力的に比較的余裕のもてる桜曽根コースをとり、林道を桜ゾネ広場方面へ向かう。なお、五味《ごみ》沢起点の場合、ムジナ沢登山口から桜ゾネ広場まで約2時間30分の歩きである。

桜ゾネ広場から階段を登った箇所にある鐘を見送り、ブナ林のなだらかな道を進む。視界が開けると破間《あぶるま》川源流をはさんで守門岳《すもんだけ》を望むことができる。高度を上げると緩やかな早坂《はやさか》尾根の向こうに福島県側の山並みが見えてくる。朝早い時間には只見《ただみ》町側に雲海が広がることも多い。

少しの急登で**嘉平与ボッチ**にいたり、いったん下ると木道が続く。灌木と草原が混じる道で展望がよい。前岳の肩で鬼《おに》ヶ面山《つらやま》からの道と橅曽根からの道が交わる。**前岳**付近では夏ごろまで雪が残るため、足をすべらせないように。山頂と前岳との鞍部の草原で木道は終わり、休憩に適した木製デッキが敷設されている。

浅草岳山頂からは、足もとの田《た》子倉《ごくら》湖越しに会津駒《あいづこま》ヶ岳《たけ》、燧《ひうち》ヶ岳《たけ》、平《ひら》ヶ岳《たけ》が、鬼ヶ面の断崖の奥に越後三山を望む。振り返れば守門岳や粟《あわ》ヶ岳《たけ》が大きい。

下山は前岳の肩から橅曽根コースに進む。展望はあまりなく上部は急坂が続く。傾斜が緩んでまもなく出合う沢を赤ペンキにしたがって渡れば、一投足で**ネズモチ平登山口**にいたる。（漆崎隆之）

魚沼市北部振興事務所☎025・797・2311、魚沼市観光協会☎025・792・7300、浅草山荘☎025・796・2331、観光タクシー須原営業所☎025・797・2242

■2万5000分ノ1地形図
守門岳

CHECK POINT

1

ネズモチ平駐車場にはトイレもある。奥に浅草岳山頂や前岳が望める

2

桜ゾネ広場から階段を登ると「浅草の鐘」がありよい目印になる

3

嘉平与ボッチに出ると前岳は近い。浅草岳山頂は前岳の裏側にある

4

浅草岳山頂。会越国境の山々を望むには最高の立地である

5

前岳の肩に戻り、下山は橅曽根コースに回る

6

標高1000メートル付近の徒渉点。岩にペンキマークがありルートは明瞭

＊コース図は100〜101ページを参照。

38

浅草岳②

浅草岳南面・鬼ヶ面の険しさにヒメサユリが彩りを添える

鬼ヶ面山コース 中先尾根コース

あさくさだけ 1585m（1等三角点）

日帰り

Ⓐ鬼ヶ面山コース 歩行時間＝9時間 歩行距離＝14・6km 技術度 体力度

Ⓑ中先尾根コース 歩行時間＝6時間55分 歩行距離＝8・2km 技術度 体力度

コース定数＝Ⓐ39Ⓑ29

標高差＝Ⓐ839mⒷ1069m

累積標高差 Ⓐ↗1739m↘1739m Ⓑ↗1306m↘1306m

↑田子倉登山口から見た浅草岳。正面に中先尾根が突き上げている

←前岳から鬼ヶ面の険しい断崖を振り返る

37浅草岳①桜曽根《さくらでね》・橅曽根《ぶなぞね》コース（96ページ）では浅草岳北西面の優美さを楽しめるコースを紹介したが、本項ではそれと対照的な険しい表情を満喫する南面の鬼ヶ面山《おにつらやま》コースをたどる。また、サブコースとして福島県側の中先尾根《なかさきおね》コースも紹介する。両者をつないだ周回コースとすることで、より充実した山行となるだろう。

Ⓐ鬼ヶ面山コース（六十里コース）

浅草岳から前岳《まえだけ》を経て南下する鬼ヶ面山の稜線東面は、この地特有の雪食などによる浸食が著しく、険しい断崖を形成して浅草岳の厳しい一面を顕わにする。六十《ろくじゅう》里越《りごえ》から県境をたどる登山道は、山頂との標高差こそ大きくないものの多くのアップダウンを繰り返し、心身ともに消耗を強いられる。一方、浅草岳の花を代表するヒメサユリが最もにぎわうのもこの稜線で、剛柔両面を同時に味わえる好ルートである。ヒメサユリの季節には鬼ヶ面山までを往復する人も多い。

県境を貫くトンネルの新潟県側にある**六十里登山口**から入山する。尾根道をひと登りすると傾斜が緩み、いくつか小沢を越えながら進む。標高880メートル付近の分岐を左に折れ、快適なブナ林の道を登る。ひと汗かいたところに**マイクロ反射板**が向かい合う平坦地に出る。少し進んだ送電線あたりで、西側に顕著なスラブの山が目に入る。その名も「裸山《はだかやま》」、豪雪と雪崩がつくり上げる雪食地形で、この地特有の景観である。

緩傾斜の単調な道を行くと標高1170メートル付近で再び分岐とな

■**鉄道・バス**

Ⓐ鬼ヶ面山コース（六十里コース）＝JR只見線大白川駅からタクシー利用、または民宿に前泊しての送迎となる。六十里登山口までタクシー利用で大白川駅から約25分。Ⓑ中先尾根コース（田子倉コース）＝基本的に鬼ヶ面山コースと同様。田子倉只見沢登山口までタクシー利用で大白川駅から約35分。

■**マイカー**

Ⓐ関越自動車道を小出ICで降り、国道252号を破間川沿いに入広瀬、大白川方面へ進む。県境の六十里越

り、右の尾根道に入る。展望に乏しい道を進むにつれ、ブナの丈が低くなり、南岳《みなみだけ》の手前で視界が開ける。**南岳**からは浅草岳南面と、これからたどる鬼ヶ面の稜線がいかめしくも端正である。この先、常に浅草岳を正面に見て、**鬼ヶ面山**、北岳《きただけ》、**ムジナ沢カッチ**と起伏に富んだ行程となる。登山道自体はしっかりしているが、東面が切れ落ちて高度感のある箇所もある。季節にはヒメサユリの花が随所で群生し、楽しませてくれる。

前岳までの最後の急登をこなせば、悠然たる早坂《はやさか》尾根など南面とはうって変わった平穏な景観が広がる。**浅草岳**山頂までもうひと息である。

Ⓑ中先尾根コース（田子倉《たごくら》コース）

福島県只見《ただみ》町側の田子倉只見沢登山口からは、只見沢の谷奥に浅草岳南面が精悍な顔を覗かせる。麓からの浅草岳の眺望箇所としても優れ、正面中央を山頂に向かって突き上げるのが中先尾根だ。急坂続きで体力を要するが、浅草岳と鬼ヶ面の展望が抜群で、六十里登山口と結ぶ周回コースとしても利用価値が高い。

登山口からはしばらく只見沢に沿って木道をまじえた緩傾斜の道が続き、仮設の橋で幽《ゆう》ノ沢を渡る。**大久保《おおくぼ》沢の水場**をすぎると勾配が増すが、ブナやトチの大木からなる森の奥深さが心地よい。

急登を進み、植生が灌木となって視界が開ければ**田子倉眺メ**にいたる。田子倉湖、鬼ヶ面山、浅草岳の好展望を楽しみつつ、さらにやせ尾根を登り、剣《けん》ヶ峰《みね》の岩場を左から巻くと、**鬼ヶ面眺メ**に出る。

この先いったん傾斜は緩む。熊合《くまあわ》せの看板と重右ヱ門岩を見送れば、山頂直下までの最後の急登がはじまる。急峻な地形だが、登山道はつづら折りとなり、岩場など足場の悪い箇所では随所にロープが張られている。ヒメサユリが顔を見せはじめ、傾斜が緩めば**浅草岳**山頂はまもなくだ。

（漆崎隆之）

CHECK POINT — Ⓐ鬼ヶ面山コース

1 国道脇に広い駐車場がある

2 六十里登山口

3 マイクロ中継局の反射板

4 鬼ヶ面山に立つ標柱

CHECK POINT — Ⓑ中先尾根コース

1 田子倉只見沢登山口

2 鬼ヶ面眺メの迫力満点の景観

隧道の手前に駐車場がある。Ⓑ途中までは鬼ヶ面山コースと同様。六十里越隧道で県境を越え、只見沢の橋を渡ってすぐ左手にある田子倉無料休憩所をすぎて100m《メートル》ほどで駐車場の入口がある。

■登山適期

37浅草岳①を参照。新緑の時期はまだ残雪が多く、断崖に面した急峻な箇所もあるため、本コースの入山は避けるべき。

■アドバイス

▽周回ルートの場合、あらかじめ車や自転車をデポするなど、下山後の交通手段を確保する必要がある。

▽鬼ヶ面山コース（六十里コース）は基本的に水場がなく、南岳以降は日陰もなく日射が照りつける。特に夏場は充分な水分を用意したい。

▽37浅草岳①を参照のこと。

■問合せ先

Ⓐ魚沼市北部振興事務所☎025・797・2311、魚沼市観光協会☎025・792・7300、浅草山荘☎025・796・2331、観光タクシー須原営業所☎025・797・2242

Ⓑ只見町役場☎0241・82・5220、只見町観光まちづくり協会☎0241・82・5250、只見観光タクシー☎0241・82・2202

■2万5000分ノ1地形図

守門岳・只見

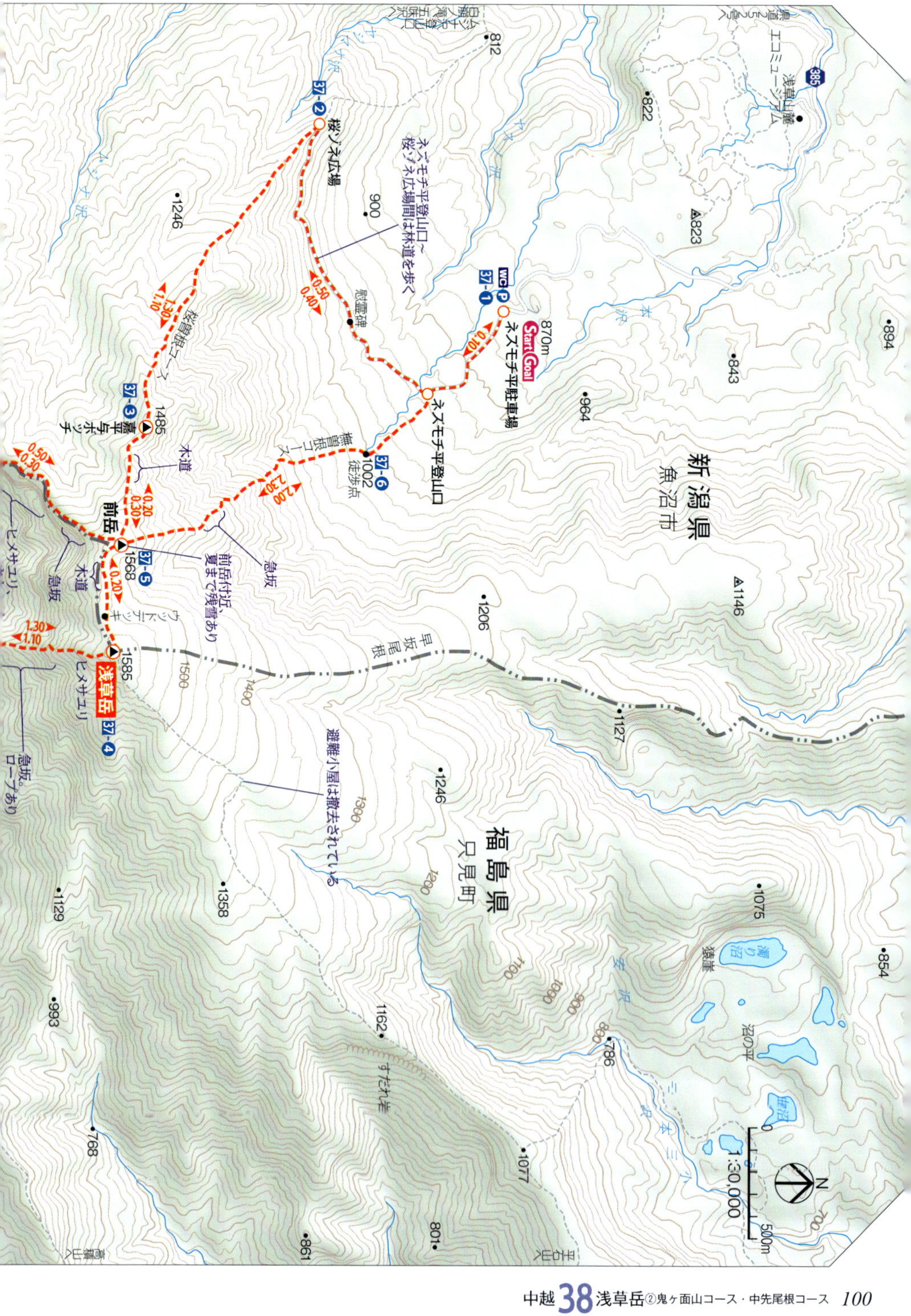
新潟県
魚沼市
福島県
只見町
ネズモチ平駐車場
Start Goal
870m
ネズモチ平登山口
桜ゾネ広場
ネズモチ平登山口〜桜ゾネ広場間は林道を歩く
慰霊碑
徒渉点
1002
桜曽根コース
嘉平与ボッチ
1485
前岳
1568
浅草岳
1585
撫間根コース
木道
急坂
前岳付近、夏まで残雪あり
ウッドデッキ
ヒメサユリ
急坂。ロープあり
早坂尾根
避難小屋は撤去されている
すだれ岸
沼の平
濁り沼
猿崖
田沼
浅草山麓エコミュージアム
県道385号へ
白崎・ヤシ沢・五味沢へ
ヤシ沢
ムジナ沢
ヤスノ沢
本沢
安沢
三本沢
平石山へ
高棒山へ
385
37-1
37-2
37-3
37-4
37-5
37-6
WC
P
0.10
0.50
0.40
1.30
1.10
0.20
0.30
2.30
2.00
0.50
0.30
1.30
1.10
0.20
812
822
823
894
843
964
900
1246
1146
1206
1127
1246
1358
1129
993
768
861
801
1077
1162
786
1075
854
1500
1400
1300
1200
1100
1000
900
800
700
1:30,000
0
500m
N

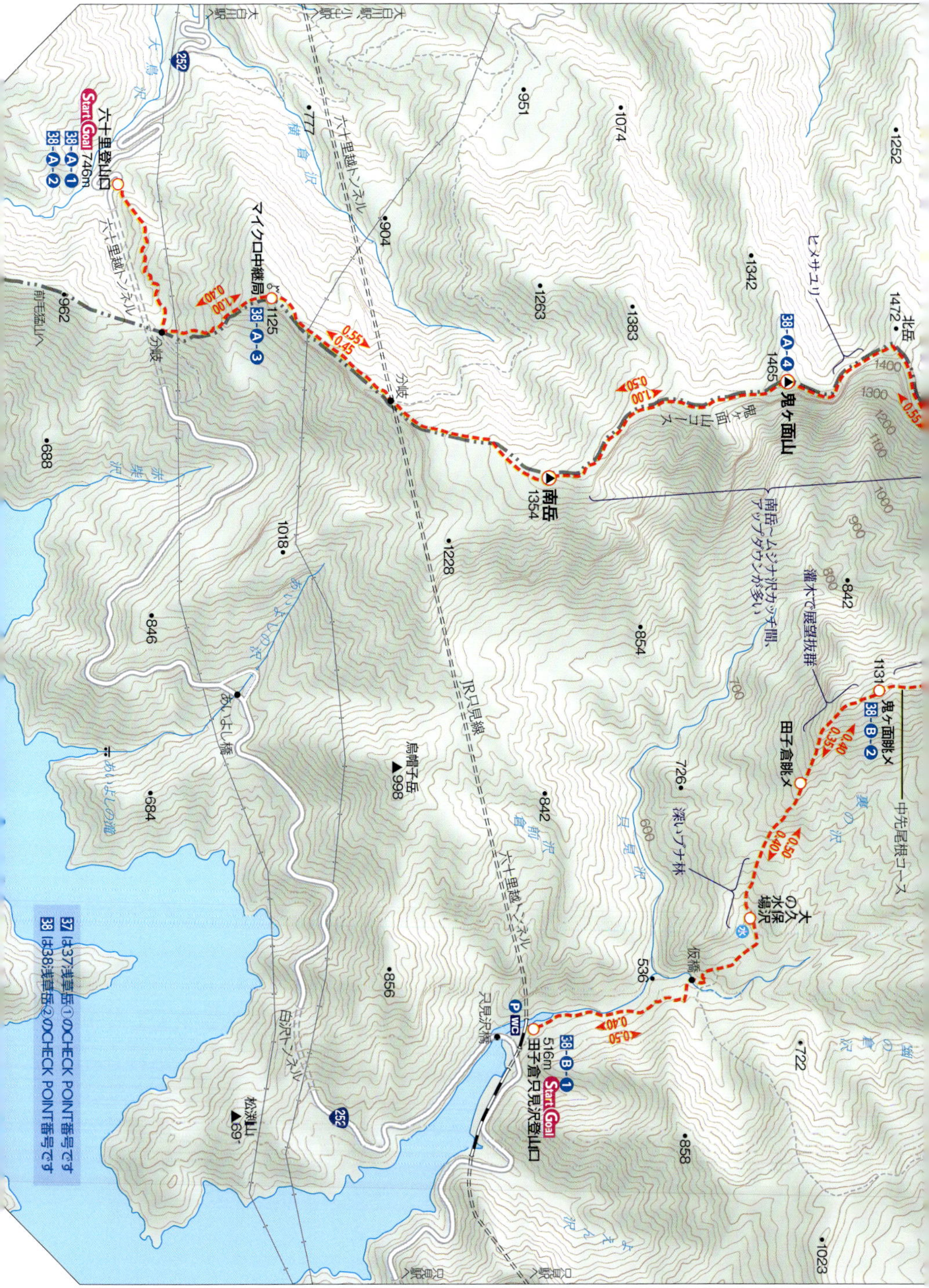

六十里登山口 746m
38-A-1
38-A-2
Start Goal
六十里越トンネル
マイクロ中継局
1125
38-A-3
分岐
南岳
1354
鬼ヶ面山
1465
38-A-4
北岳
1472
ヒメサユリ
鬼ヶ面山コース
南岳〜ムジナ沢カッチ間、アップダウンが多い
灌木で展望抜群
鬼ヶ面眺〆
1131
38-B-2
田子倉眺〆
深いブナ林
大久保沢の水場
仮橋
中先尾根コース
田子倉只見沢登山口
516m
38-B-1
只見沢橋
JR只見線
烏帽子岳
998
あいよし橋
白沢トンネル
松渕山
37は37浅草岳①のCHECK POINT番号です
38は38浅草岳②のCHECK POINT番号です

39 花と展望が楽しみな長岡市民憩いの山

鋸山

のこぎりやま
765m（1等三角点）

日帰り

歩行時間＝3時間10分
歩行距離＝5.0km

技術度
体力度

コース定数＝13
標高差＝547m
累積標高差 580m 580m

鋸山山頂からの長岡市街地とはるかに日本海を望む

鋸山は県のやや中央に位置し、長岡《ながおか》市の東山《ひがしやま》連峰の一山であり、市民からは「東山」とよばれ親しまれている。

山頂には1等三角点が設置されており、眺望もよく、長岡市内をはじめ、越後《えちご》三山や守門岳《すもんだけ》、海岸線の弥彦山《やひこやま》、米山《よねやま》などの越後の名峰群を望むことができる。

低山ながら花の種類が多く、登山道脇には早春のミズバショウからはじまり、季節を追って山野草の競演が続き、秋にはブナとヤマモミジの紅葉もすばらしい。ここでは手ごろな日帰り登山コースとして親しまれている花立《はなたて》峠コースを紹介する。

登山口へは、長岡市から国道352号を栖吉《すよし》川沿いに走り、花立峠登山口に入る。登山口に整地された駐車場がある。

登山口の標柱から歩き出してすぐ、階段を登ったところに天狗《てんぐ》泉《いずみ》の水場があり、清水が勢いよく湧き出ている。緩やかな勾配の整備された登山道を深い沢沿いに進んでいき、

見返り清水跡から望む山頂

5月中旬になると、写真のヤマシャクヤクなど、次々に花が咲き、楽しみが増す

■**鉄道・バス**
往路・復路＝JR信越本線長岡駅東口から栖吉行きのバスで栖吉バス停下車。花立峠登山口までおよそ3キロ歩く。

■**マイカー**
関越自動車道長岡ICから、国道8号を新潟方面へ。国道17号バイパスを東京方面へ進んですぐに栖吉方面へと左折、国道352号を栖吉川沿いに直進する。車道終点まで走ると左側に駐車場（30台ほど駐車可能）があり、奥が登山口となる。

■**登山適期**
4～11月。ブナの新緑が美しい5月がベスト。12～3月の積雪期は避けること。花の開花期は5～8月。

■**アドバイス**
▽トイレは花立峠登山口にある。
▽鋸山山頂から大入峠登山口へ下るルートもあるが、途中岩場や鎖場があり、山頂からの縦走の場合、特に注意が必要。頂上から大入峠まで約30分だが、登山口から栖吉バス停までは真木林道を7.5キロ（約1時間30分）の道のりとなる。

■**問合せ先**
長岡市スポーツ振興課☎0258・32・6117、越後交通東長岡営業所☎0258・35・3281

■**2万5000分ノ1地形図**
半蔵金

広い沢にかかる**木橋**を渡る。田んぼ跡地を進み、杉林の急登に入ってしばらく行くと**大モミジ**の休み場へたどり着く。ここまでおおよそ30分である。

この先、ヤマモミジのトンネルを行くこと15分で、中越《ちゅうえつ》地震後に水脈の途絶えた**かつての水場**へ到着。ここから鋸山山頂を望むことができる。

傾斜が増し、ジグザグの登りを行くと前方には中越地震で大崩落した長工《ちょうこう》新道の土の露出した急崖が見える。緩やかな道だが右側は深い谷なので注意して進もう。旧水場から20分ほどで**花立峠**の広場へ到着。ここからは長岡方面の眺望がよく、長岡工業高等学校山岳部が長工新道を切り開いた記念碑が設置されている。

ひと息入れて先へ少し行くと、山頂と半蔵金《はんぞうがね》の分岐があり、左へ入る。ここからブナの樹林帯を森林浴しながら進む。頂上付近は数回アップダウンを繰り返す鋸歯状の尾根を行くこと25分ほどで、1等三角点のある**鋸山**山頂へ出る。

山頂は広くはないが、りっぱな方位盤が設置されており、すばらしい眺望を楽しめる。

下山は往路を戻る。（徳永多恵子）

CHECK POINT

30台ほどが駐車できる花立峠登山口

登山口のすぐ上にある天狗の泉。清水が勢いよく流れている

沢沿いに進んでいくと木橋を渡り杉林の急坂がはじまる

杉林の急坂を登りきると大モミジの休憩場所に着く

前方右に土が露出した長工新道の急崖を見る

花立峠にある記念碑。長岡方面の展望がよい

40 豊かな自然を育む名峰に、ブナ林とヒメサユリを訪ねて

守門岳

すもんだけ
1537m（袴岳）

日帰り

歩行時間＝7時間
歩行距離＝9.3km

技術度

体力度

コース定数＝**28**	
標高差＝912m	
累積標高差	↗1237m ↘1098m

エデシ尾根から望む守門岳

守門岳（袴岳）山頂より青雲岳、大岳を望む

守門岳《すもんだけ》は、越後《えちご》三山只見《ただみ》国定公園内にあり、「日本二百名山」の一山。長岡《ながおか》市中心部より、その大きな山容が望まれ、標高のわりに目立つ山である。大岳《おおだけ》、青雲岳《あおくもだけ》、袴《はかま》岳《だけ》の三山を総称して「守門岳」と称し、袴岳が最高点だ。豪雪地帯のため、山頂付近の雪消えが遅く、稜線に東洋一といわれる大雪庇を形成する。山腹のブナ林や、稜線上の高山植物で親しまれており、特に6月から7月にかけてヒメサユリの鑑賞を目的に入山する登山者が多い。

登山道は数ルート整備されているが、ここでは、大白川口《おおしらかわぐち》から入山し、保久礼口《ほっきゅれいぐち》に下山するルートを紹介する。

登山口より、布引《ふびき》ノ滝経由とエデシ経由が選択できるが、布引ノ滝からの登りがロープを使った急登の連続で歩きにくく、時間が許せば登山口から滝へ往復したい。この間は高低差がほとんどない。**布引ノ滝**は繊細なイメージの滝だが滝壺が見えず、水が奈落の底まで落ちていくようで眺めていてあきない。

エデシ経由でもロープが数箇所あるが、危険箇所はなく、やせ尾根を楽しみ高度を上げる。**エデシ**

■鉄道・バス

往路＝大白川口へはJR只見線大白川駅よりタクシーで15分。JR只見線の本数が少ないので時刻表を要確認のこと。

復路＝保久礼登山口へは、JR上越新幹線長岡駅より越後交通のバスで栃尾車庫前まで1時間。さらにタクシーで50分。

■マイカー

大白川登山口へは、関越自動車道を小出ICで降り、国道252号経由、大白川より魚沼大原スキー場上部の車道終点が登山口。小出ICから約50分。保久礼登山口へは、関越自動車道長岡ICで降り、国道8号、国道351号経由、栃尾地区から刈谷田川ダム方面へ向かう。登山口まで全線舗装されているが、ダムから先は道幅が狭くすれ違いには注意を要する。長岡ICから約1時間20分。

■登山適期

コース中のブナ林の新緑が美しい5月下旬。ヒメサユリなどの高山植物が咲く6～8月。そして紅葉と展望の10～11月上旬がベストシーズン。

■アドバイス

▽水場は、大白川コースでは小烏帽子付近、保久礼コースでは、大岳から10分程度下った天狗岩屋清水、キビタキ避難小屋付近（キビタキ清水）、保久礼小屋付近にある。

■問合せ先

CHECK POINT

1 大白川登山口駐車場。駐車スペースは数台程度

2 神秘的な布引ノ滝。時間に余裕があれば立ち寄りたい

3 やせ尾根が続くエデシ尾根より守門岳山頂を望む

4 小烏帽子付近から望む守門岳山頂

5 守門岳山頂。北に大岳、日本海方面の眺望が開ける

6 無人の保久礼小屋。駐車場はすぐ近く

をすぎ、**眺望箇所**からは浅草岳《あさくさだけ》や越後三山を眺めることができ、右側には大雲《おおくも》沢から突き上げる袴岳(守門岳)を望む。小烏帽子《こえぼし》手前の沢の現頭部が水場となっている。

小烏帽子からは草原と灌木帯となり、**袴岳**(守門岳)山頂に着く。360度の大展望で、会津《あいづ》山塊、飯豊《いいで》連峰のほか、これから向かう青雲岳、大岳へ続く稜線、その奥には越後平野、弥彦山《やひこやま》、日本海を望む。山頂には方位盤があり、山座同定に活用できる。

青雲岳周辺は草原状で木道や木製ベンチがあり、休憩にはうってつけだ。稜線は多数の高山植物も楽しむことができる。いったん網《あみ》張《はり》とよばれる鞍部に下り、標高差100㍍を登り返すと**大岳**に到着する。大岳山頂には、長岡市栃尾《とちお》地区に鎮座し守門岳を祀る巣守《すもり》神社の石碑もある。

大岳から少し下るとブナ林に入り、一部すべりやすい箇所もある。**キビタキ避難小屋**からは、擬木の階段の連続となり、**保久礼小屋**に到着する。

(高橋英夫)

長岡観光コンベンション協会☎0258・32・1187、魚沼市観光協会☎025・792・7300、越後交通栃尾営業所☎0258・52・3028、栃尾タクシー0258・52・1212

■2万5000分ノ1地形図
守門岳・穴沢

41 展望とブナ林がすばらしい信仰の山

粟ヶ岳

あわがたけ
1293m

日帰り

歩行時間＝4時間30分
歩行距離＝10・0km

技術度

体力度

コース定数	＝24
標高差	＝1138m
累積標高差	↗1230m ↘1230m

粟ヶ岳は新潟県の中央部に位置する川内《かわち》山塊の最高峰である。

登山コースは加茂《かも》市の水源地を登山口とするコースと三条《さんじょう》市（旧下田《しただ》村）北五百《きたいも》川を登山口とするコースの2つがある。どちらも登山道は整備され、途中に避難小屋もあって安心して登ることができる。ここでは粟ヶ岳の名の由来ともいえる粟薬師が祀られている北五百川コースを紹介しよう。

↑残雪の残る粟ヶ岳

←登山道に咲くヒメサユリ

登山口には広々とした駐車場があり、バイオマストイレも設置されている。水路沿いの平坦な林道をしばらく行くと祓《はらい》川を渡る鉄橋に出る。橋を渡るといよいよ登山のはじまりだ。

本流を流れ落ちる枝沢をいくつか越えると**元堂**《もとどう》というところに出る。粟ヶ岳は霊山として女人禁制の時代があり、この地はその足止跡だ。樹齢を重ねた大杉と古びた石段から往時をしのぶことができる。

やがて尾根道となり、しだいに急な登り道となるが、守門岳などの展望もよく、苦にならない。ほどなく粟石《あわいし》跡。ここからすぐに薬師ノ水場がある。

水場からの登りは美しいブナが目を楽しませてくれる。ひと登りで**粟薬師奥ノ院**と避難小屋が建つ

■鉄道・バス
往路・復路＝JR東三条駅から八木ヶ鼻温泉行きの越後交通バスに乗り、約40分で終点の温泉前のバス停に着く。ただし1時間に1本程度で早朝はない。登山口まで徒歩約40分。

■マイカー
北陸自動車道三条燕ICから国道289号を五十嵐川に沿うように走ると名所・八木ヶ鼻の岩壁が現れる。その先の温泉施設から左折し、看板の案内通りに進むと登山口の駐車場に着く。ICから約40分。

■登山適期
コース中のブナ林の新緑が美しい5月、ヒメサユリの咲く6月、そして紅葉と展望の10月中旬～11月上旬。12～3月は避けること。

■アドバイス
▽毎年5月5日が山開き。ただし、この時期はまだ残雪が多い。夏場は暑いので早朝がよい。
▽水場は何箇所かあるが、あまり期待せず自分で持っていく方がよい。
▽体力が残っていたら一本岳（1240㍍）を往復してみよう。急登だが、スッキリとした山頂からの

広場に着く。後半の登りに向けてひと休みしよう。その先も美しいブナの林相が続く。芽吹きや紅葉の時期に合わせれば感動的な景色に魅せられることだろう。やがて尾根すじに上がると看板が現れ、山頂へは右に進む。

天狗《てんぐ》ノ水場をすぎるとちょっとした鎖場を越え、加茂コースから粟ヶ岳本峰まで見わたせる尾根に上がる。展望を楽しみながら尾根道を行く。時期が合えばヒメサユリが足もとで励ましてくれる。**七合目**をすぎ、牛《うま》ノ背《せ》を越え、ササと灌木の斜面を登りきると**九合目**に着く。ここから最後の急坂をいっきに登れば**粟ヶ岳**山頂だ。

山頂からは川内山塊の山並みが広がる。下山は同じ道を戻る。

（今井里子・羽鳥 勇）

CHECK POINT

1 20台ほどが駐車できる広い駐車場わきのバイオマストイレ

2 登山口からは案内板を奥に、しばらく水路沿いの道を進む

3 粟薬師奥ノ院と避難小屋を抜けてブナ林に入る

4 尾根からは粟ヶ岳に向かう登山道がくっきりと見える

5 牛ノ背。狭いが足場はしっかりしているので慎重にいけば問題ない

6 粟ヶ岳山頂には鐘や展望方位盤があり、川内山塊の山並みを堪能しよう

眺めが抜群だ。往復約40分。
▽日帰り温泉は、八木ヶ鼻温泉いい湯らてい（☎0256・41・3011）が近い。

■問合せ先
三条市営業戦略室☎0256・34・5511、越後交通三条営業所☎0256・38・2215、日の丸観光タクシー☎0256・35・5555

■2万5000分ノ1地形図
粟ヶ岳

42 快適な縦走と季節の花を楽しむ佐渡の尾根歩き

金北山

きんぽくさん
1172m

日帰り

歩行時間＝7時間5分
歩行距離＝14・7km

技術度
体力度

コース定数＝**27**
標高差＝238m
累積標高差 ↗955m ↘1049m

雄大な山容をもつ大佐渡山脈は新潟市内からも指呼できる

佐渡島《さどがしま》は沖を流れる対馬《つしま》暖流の影響で、冬は暖かく夏は涼しい。そのため1000㍍級の山では通常見られない高山植物が分布する珍しい植生をもっている。島北部に連なる大佐渡《おおさど》山脈一帯では300種以上の花が咲き、登山者の目を楽しませてくれる。

大佐渡山脈の主峰・金北山は島内最高峰で、その雄大な頂は新潟市内からも容易に指呼できる。この金北山を目指す登山道は数箇所ある。高低差が比較的少なくて、佐渡島の展望が楽しめる縦走コースを紹介しよう。

出発点の**ドンデン山荘**までは両津《りょうつ》港から車で約30分で到着する。山荘脇の道から入山し、尻立山《しりたてやま》を目指す。このあたり一帯では、春はレンゲツツジ、初夏はシャクナゲが咲き、ハマナスもある。

尻立山頂上に立つと草原的景観のドンデン高原をはじめ、金北山や金剛山《こんごうさん》などが一望できる。高原一帯では牛が自然のままに放牧されている。牛の群れに遭遇することがあるので驚かせないように行動しよう。

尻立山をあとにキャンプ場をすぎ、車道を5分ほど歩くと**金北縦走路入口**に着く。ここからマトネまでは展望のない樹林帯の中を進むが、季節の花々が見られるので会話もはずむだろう。

マトネ（孫次郎山《まごじろうやま》）に着くと前方の展望が開け、金北山、ジャバミや松倉山《まつくらやま》が見てとれる。小休止にちょうどよい。

マトネから本格的な尾根歩きがはじまる。東に両津湾と加茂《かも》湖、西に外海府《そとかいふ》の海原を眺めながらの快適な縦走は、ザレ場や高木帯を交互に進み、小刻みにアップダウンを繰り返しながらしだいに標高を上げていく。

あやめ池をすぎると最後の登りに入り、登りつめること20分ほどで、**金北山**山頂に着く。

山頂には金北山神社と旧レーダードームが寄り添うように建っている。ここからの眺望はすばらしく、海を越えて新潟県内はもとより、山形県や富山県の主要な山々まで見わたせる。

下山は、神社をあとに砂利敷きの防衛省管理道路を緩く下ると**白雲台**《はくうんだい》に着く。

（立山　豊）

■鉄道・バス
往路・復路＝両津港が佐渡への表玄関で、新潟港から高速船、フェリーが運航している。両津港からドンデン山荘、白雲台までの路線バスはないためタクシーを利用する。下山時のタクシーも予め手配しておきたい。春季限定で、両津港〜ドンデン山荘、両津港〜白雲台を結ぶライナーバスが運行されている。事前要予約（新潟交通佐渡定期観光バス予約センター☎0259・52・3200）。

■マイカー
新潟港から両津港までフェリーを利用して島内に入れるが、縦走コースなのでマイカー利用は不向き。

■登山適期
4月下旬〜11月上旬。積雪期を除いて春から秋のいつでもよく、季節の花が楽しめる。特に山域全体が花で艶めく春がおすすめ。紅葉の時期も

ドンデン山荘や金北山頂上からは国中平野が一望できる（ドンデン山荘より）

CHECK POINT

金北山への縦走路入口の道標。簡易トイレがある

ザレ場と樹林帯を交互に通ってツンブリ平に着く

鏡池、あやめ池が見えれば頂上はもうすぐだ

山頂には金北山神社と旧レーダードームが寄り添うように建っている

よい。

■アドバイス

▽ドンデン山荘は、佐渡市営の地域間交流施設。宿泊や食事、入浴、トレッキング情報の入手が可能。プラネタリウム設備もある。季節営業（4月中旬〜11月中旬）のため、利用の際は予め確認しておくこと（ドンデン山荘☎0259・23・2161、閉鎖期間中の問合せは、佐渡観光交流機構まで）。

▽ドンデン高原にはキャンプ場がある。問合せはドンデン山荘へ。

▽金北山〜白雲台間の防衛省管理道路を通行する場合は事前に自衛隊への届出（電話連絡可。航空自衛隊佐渡分屯基地☎0259・63・4111）が必要である。

▽交流センター白雲台は4月下旬〜11月上旬の季節営業。

▽1泊2日コースとして、白雲台〜金北山〜ドンデン山荘（泊）〜ドンデン高原〜金剛山〜白瀬登山口の行程もとれる（43金剛山参照）。

■問合せ先

佐渡観光交流機構☎0259・27・5000、佐渡汽船新潟総合案内所☎025・245・1234、佐渡観光タクシー☎0259・23・4116、港タクシー☎0259・27・2181

■2万5000分ノ1地形図

両津北部・金北山・相川

43 豊富な高山植物と奇形天然杉に出会う山旅

金剛山

こんごうさん
962m

日帰り

歩行時間＝5時間5分
歩行距離＝7・6km

技術度
体力度

コース定数＝21
標高差＝876m
累積標高差 917m 917m

大佐渡山脈の一山である金剛山は豊富な花に出会える魅惑的な山

大佐渡《おおさど》山脈の中央からやや北方に位置する金剛山は、古くは山伏の修行場の一山として、金北山《きんぽくさん》などとともに島内では知られた存在だ。海から吹く湿った風によって雲霧が発生しやすく、杉が育つのに適した環境にあり、金剛山北部一帯には広大な天然杉林が広がっている。さらに強風にさらされるという森林限界に似た環境にもあるため、低山にもかかわらず豊富な高山植物が咲く花の山としても知られ、春の日帰り登山や大佐渡山脈縦走路の一座として人気を集めている。

尻立山から金剛山へ続く尾根道を望む。高原的な景色と多種多様な花が楽しめる道は一度は歩いてみたい

両津《りょうつ》港から車で約15分で白瀬《しろせ》地区に入る。ここから道幅一車線の農道をさらに5分ほど進むと白瀬川脇の**白瀬登山口**に到着する。

白瀬川にかかる木橋を渡ると道はしばらく沢筋に沿って進む。薄暗くてぬかるみや岩苔ですべりやすい道を注意して歩く。

10分ほどで沢筋道を抜けると落葉が敷きつめられた道に変わる。足もとの落葉の感触とサクサク音が心地よい。季節にはカタクリなどの花々が優しく出迎えてくれる。

沢音が右前方から聞こえて数分で**タン平水路**に出合う。さらに進むと**トビガ沢**だ。冷たい沢水が流れていて、小休止にちょうどよい。

■鉄道・バス
往路・復路＝新潟港から高速船で両津港へ。両津港から白瀬までは路線バスがあるが運行数が少なく、下車後に白瀬登山口まで約2キロの歩行になるため、タクシー利用がよい。下山時のタクシーも予め手配しておきたい。

■マイカー
両津港周辺でレンタカーを借りることができる。両津港より県道45号を大野亀方面へ約7キロ北上して白瀬へ。白瀬から一車線の村道を約2キロ走ると白瀬登山口に着く。登山口には3台程度駐車可。

■登山適期
適期は4月下旬～11月上旬。積雪期を除いて春から秋のいつでもよく、季節の花が楽しめる。特におすすめは春。山域全体が花で艶やか。紅葉の時期もよい。

■アドバイス
▽両津港から白瀬の間に食料品店などはないので、両津港周辺で調達するとよい。
▽白瀬登山口からの歩きはじめは沢筋を歩くため、防水性の高い靴やスパッツを準備したい。
▽登山ルートは、白瀬ルートのほかに和木ルート、ドンデン高原を経由するルートがある。どのルートも尾根伝いの道で、高低差は比較的少ない。ドンデン高原ルートは歩行距離

CHECK POINT

1 両津港から県道45号を北上し、白瀬で農道に入る

2 木橋を渡り、登山開始。道は沢筋にのびている

3 道端の花々を楽しみながら進んでタン平水路に着く

4 唯一の水場のトビガ沢は小休止にちょうどよい

5 組上は前方が開けた小広場

6 頂上には祠と鳥居が建てられている。360度の展望が楽しめる

沢を渡って、つづら折りの道のあとは、三左衛門横路とよばれるほぼ水平な道になる。このあたりでは、オオイワカガミ、シラネアオイなどの群生に出会える。標高620メートルあたりになると左前方の視界が開け、道も明るくなる。**組上**とよばれる小広場をすぎ、標高850メートルまで来ると左に金北山が見えはじめる。左側が切り立ったへつり道をすぎ、ザレ場が見えれば頂上は目前だ。

急斜なザレ場をすぎ、赤い鳥居をくぐれば**金剛山**頂上に着く。山頂には祠と鳥居が建てられていて、鳥居脇には3等三角点も見える。360度のパノラマ眺望は圧巻で、海を越えて新潟県内や近県の主要な山々を指呼できる。この景色の前では疲れもすべて吹き飛ぶようだ。

景色を十分に堪能したら往路をゆっくり戻ろう。（立山 豊）

が長いので計画的な行動を心がけること。

▽ドンデン高原にはキャンプ場がある。問合せはドンデン山荘まで。

◇ドンデン山荘を利用して、1泊2日コースもよい。白雲台～金北山～ドンデン山荘（泊）～ドンデン高原～金剛山～白瀬口。

■**問合せ先**

佐渡観光交流機構☎0259・27・5000、佐渡汽船新潟総合案内所☎025・245・1234、ドンデン山荘☎0259・23・2161、佐渡観光タクシー☎0259・23・4116、港タクシー☎0259・27・2181

■**2万5000分ノ1地形図**

両津北部・小田

44

角田山 灯台コース・稲島コース

かくだやま 482m

小さな里山といった規模の山だが、花の名山として人気沸騰

日帰り

Ⓐ灯台コース　歩行時間＝4時間25分　歩行距離＝9・4km
Ⓑ稲島コース　歩行時間＝1時間55分　歩行距離＝4・4km

技術度　体力度

コース定数＝Ⓐ20 Ⓑ9

標高差＝Ⓐ469m Ⓑ469m

累積標高差　Ⓐ ↗898m ↘898m　Ⓑ ↗480m ↘480m

角田山は、新潟市西蒲区《にしかん》にあり、弥彦山《やひこやま》同様、佐渡《さど》弥彦米山《よねやま》国定公園に属している。小さな里山といった規模の山塊だが、登山はその目的により多種多様で、学校登山、体力トレーニング、花を楽しむ人、登山を楽しむ人など、四季を通して登山者が絶えない。ここでは中でも人気の2コースを紹介しよう。

Ⓐ灯台《とうだい》コース

JR越後《えちご》線巻《まき》駅から新潟交通観光バスの路線バス・角田線に乗り、**角田妙光寺入口**で下車。**灯台登山口**へは徒歩約15分。灯台方面に向かい、灯台下のトンネルを抜けると、日本海の荒海に削られた岩景色、そして海岸の岩を削ってつくられた道となる。

まもなく灯台への階段を登ると、角田浜と浜茶屋が見わたせる灯台に出る。ここでトンネル手前の海辺から登る登山道と合流する。

山頂方面の見晴らしがよくなったところで岩場となる。危険箇所

海抜0メートルからの登山口と角田岬灯台

■**鉄道・バス**

往路・復路＝灯台コースはJR巻駅から路線バス（新潟交通観光バス）の巻〜松山〜角田線が利用できる。夏季は海水浴場まで行ける。稲島コースは路線バス（同バス）の稲島経由角田線を利用する。

■**マイカー**

灯台コース登山口へは北陸自動車道巻潟東ICから国道460号、県道2号、国道402号経由で約16キロ。稲島登山口へは北陸自動車道巻潟東ICから国道460号、県道2号経由で約10キロ。各登山口には駐車場とトイレ（湯之腰、五りんせきは除く）がある

■**登山適期**

3〜11月が登山シーズン。雪積期は避けた方がよい。

■**アドバイス**

▽主な登山口は7箇所あり、最短距離で山頂まで登れる稲島コース、登山口に弘法の清水があり、山頂直下が急登の五りん石コース、そして、途中より五りん石コースと合流する福井ほたるの里コース、山頂までの標高差がいちばん少ない五ヶ峠コース、海岸から登る灯台コースなどが登られている。

▽どのコースも飲用可能な水場はない。

▽山頂園地には長者塚遺跡、横山太平翁像、南無観世音菩薩、避難小屋

早春に群生が見られるカタクリ

角田岬灯台への階段途中で見るイワユリ

上堰潟公園から見る角田山。山頂付近は緩やかな登りで右が山頂三角点となる

3月になると登山道脇に咲くユキワリソウ

3月下旬～４月に見られるヒトリシズカ

には鎖の柵があり、安心して登山できる。早春にはこの付近からユキワリソウやカタクリの花が咲いている。

岩場をすぎ、林に入ると階段となり、登りきったところからは展望がよい。この先にカタクリの群生地が現れる。シーズンになると、右も左も登山道もカタクリが咲き乱れる場所だ。

しばらくすると五《ご》ヶ峠《とうげ》コースからの道と合流する。ひと登りで**三望平**《さんぼうだいら》に着く。ここから15分も登れば2等三角点のある**角田山**山頂に立つことができる。

Ⓑ稲島コース

JR越後線巻駅から新潟交通観光バスの路線バス・稲島《とうじま》経由角田線に乗り、**稲島バス停**で下車。バス停から10分程度で駐車場とトイレがある**登山口**に着く。杉林の登山道に入ると、すぐに右手に稲島薬師堂がある。椿平《つばきだいら》の案内看板をすぎると、まもなく林道が終わり、整備された階段を登っていくと右手にあずまやがある、この先には地蔵観音と、「角田山頂へ1・5

健養亭、佐渡・弥彦・米山国定公園の案内標識がある。また、各登山口からの目的地でもあるため、それらへ向かう標識が要所にある

長者塚遺跡の説明板。角田山の別名である長者原山の由来が記されている

山頂小屋の健養亭。地元山岳会によって管理されたきれいな小屋だ

▽山麓に日帰り温泉施設の福寿温泉じょんのび館☎0256・72・4126がある。

■**問合せ先**

新潟市西蒲区役所産業観光課☎0256・72・8454

■**2万5000分ノ1地形図**

角田山

キロ」の標識、水場もある。ただし、水場は飲料には適さない。

続いて虚空蔵堂への分岐点となるが、今は廃道となっている。ジグザグの登りがはじまり、要所に

佐潟公園から見た角田山(右)と多宝山(左)

向陽観音堂前広場から越後平野を見る

案内標識がある。

　尾根に出ると「角田山頂へ0・55キロ」の標識がある。海が見えてきて快い風を浴びることができる。

　さらに階段を登ると観音堂前の広場とつながる。ここからは緩い坂道を登り、バイオトイレをすぎると**角田山**山頂園地だ。園地の奥に三角点と「角田山頂 標高481・7メートル」の標識がある。

　下山は往路を戻る。

（平松敏彦）

CHECK POINT — Ⓐ灯台コース

1 灯台コースの駐車場と角田岬灯台

2 駐車場からトンネルを抜けると断崖の歩道になる

3 やせ尾根の岩場と、整備された柵の登山道

4 コース上の随所で見られるカタクリの群生地の中を歩く

5 三望平園地。避難小屋の三望小屋は老朽化で使用不可

6 角田山山頂三角点と標識。一角に避難小屋の健養亭も建つ

CHECK POINT — Ⓑ稲島コース

1 稲島コース登山口のすぐ先に建つ稲島薬師堂

2 旅の安全を願って祀られた地蔵観音。この先で急坂となる

3 つづら折りの急坂を登り、不動明王の先で尾根に出る

4 尾根に出ると海が見え心地よい風が吹いてくる

5 観音堂前は気持ちのよい広場になっていて展望が楽しめる

6 尾根道を緩く登ると山頂三角点と登山届記載所に着く

越後七浦
立石
五ヶ浜
トンネルを抜ける
角田岬灯台
灯台コース登山口
夏季限定で海水浴場までのバス便が運行される
灯台コース
浦浜コース
五ヶ峠コース
五ヶ峠分岐
三望小屋
老朽化して利用は難しい
三望平
角田山
健康亭
長者塚
湯之腰コース
福井ほたるの里コース
観音堂
不動明王
地蔵尊
五りん石コース
あずまや
稲島コース
稲島薬師堂
稲島コース登山口
八幡神社
伏部
稲島バス停
稲島
妙光寺
新潟市西蒲区
上堰潟公園
Start Goal
13m
1:25,000
500m

45

弥彦山

老若男女の登山でにぎわう弥彦神社を擁する名山

やひこやま 634m

日帰り

歩行時間＝3時間45分
歩行距離＝9.0km

技術度 ■□□□□
体力度 ■□□□□

コース定数＝**17**
標高差＝616m
累積標高差 ↗670m ↘670m

大河津分水さくら公園付近からみる弥彦山（左）、多宝山（右）

越後一宮の弥彦神社

弥彦山は新潟県の越後平野に位置し、日本海に面している。佐渡《さど》弥彦米山《よねやま》国定公園に指定され、越《えち》後《ご》一の宮の弥彦神社を擁する山でもある。山頂境内からの眺望は広闊で、眼下に広大な越後平野を俯瞰し、越後や東北の名だたる山々、日本海に浮かぶ佐渡島《さどがしま》、粟島《あわしま》、そして日本一の大河、信濃《しなの》川の分流が日本海に流れ出る大河津分水《おおこうづぶんすい》を眺めることができる。

山頂へはロープウェイやマイカーで手軽に弥彦神社奥ノ院、御神廟を参拝できるが、登山道も四方から通じている。ここでは地元山岳団体や観光協会によって標識が整備され、弥彦山登山道のメインとなる表参道コースを紹介しよう。麓の弥彦神社と山頂のご神体を祀る御神廟を結ぶ登山道だ。

JR弥彦線弥彦駅から徒歩20分で**弥彦神社**に着く。本殿の左中門から出て万葉《まんよう》の道をロープウェイ山麓駅へ向かうと左側にステンレス製の鳥居がある。ここが登山口となる。

橋を渡り、整備された杉林を緩く登ると茶屋に着く。ここからはジグザグの急登となり、一合目の標識、さらに急坂を登ると四合目手前で尾根道となる。四合目にはベンチがあり、少し行くと五合目の鳥居だ。

ここからは岩場となる。柵や鎖で整備されているが、すべりやすいため注意が必要だ。岩場をすぎ、橋を渡ると六合目。さらに越後平野の広さを実感することができる**里見《さとみ》ノ松《まつ》**に着く。あずまやもあり休憩するにはよいところだ。続く七合目には岩から染み出る水を集めたご神水があり、コップが置かれている。

九合目の稜線に着くと、右は山頂レストラン、ロープウェイ山頂駅、駐車場、さらに多宝山へと続く。左の階段を行くとNHKなどの放送局のアンテナが林立してい

■鉄道・バス
往路・復路＝JR上越新幹線燕三条駅からJR弥彦線で約30分、弥彦駅が最寄り駅。バスは便数が少ないのでその都度確認すること。
■マイカー
北陸自動車道三条燕ICより国道289号、県道29号経由で弥彦神社へ。神社に大駐車場がある。登山口へは

るところを通過し、トイレ、社務所と続き、その先が**弥彦山**山頂で、弥彦神社奥ノ院御神廟が建っている。

下山は登ってきた道を戻る。

（平松敏彦）

CHECK POINT

1 弥彦神社の先にあるステンレスの鳥居が登山道入口になる

2 弥彦山登山茶屋。急坂がはじまるのでひと休みしていこう

3 急坂を経て四合目から尾根道を登ると五合目の鳥居となる

4 五合目先からの岩場。柵や鎖があるが、足もとには要注意

5 七合目の御神水。コップがあるのでのどをうるおすとよい

6 弥彦山山頂の弥彦神社奥ノ院。眼下に越後平野が広がる

徒歩10分。

■登山適期

3〜11月が登山シーズン。雪積期は避けた方がよい。

ラショウモンカズラ

■アドバイス

▽弥彦ロープウェイは通年運行されている。

▽冬季はスカイライン、頂上レストランは閉鎖されている。

▽万葉の道には万葉集に記載されている樹木、草花が植えられている。

▽帰りに弥彦温泉郷で汗を流すのもよい。弥彦神社山門前に温泉旅館が軒を連ねている。また、寺泊方面にさくらの湯（☎0256・94・1126）、新潟方面には多宝温泉だいろの湯（☎0256・82・1126）などの日帰り入浴施設がある。

■問合せ先

弥彦村役場☎0256・94・3131、越後交通三条営業所☎0256・38・2215、弥彦山ロープウェイ☎0256・94・4141

■2万5000分ノ1地形図

弥彦

46

コンクリートを流したような岩壁が特徴の山

御神楽岳

みかぐらだけ
1387m

日帰り

歩行時間＝6時間45分
歩行距離＝9.0km

技術度

体力度

コース定数＝**26**	
標高差＝1076m	
累積標高差	↗1095m ↘1095m

←阿賀町上川地区から見る御神楽岳

←雨乞峰付近から湯沢ノ頭を望む

雨乞峰手前のピークから雨乞峰と山頂

御神楽岳は阿賀《あが》町の最奥、福島県との県境近くに位置している。登山口は蝉《せみ》ヶ平《だいら》登山口、室谷《むろや》登山

■鉄道・バス
往路・復路＝JR磐越西線津川駅から室谷行きのバスに乗り、室谷で下車する。ここから室谷登山口までは約1時間の歩行になる。ただしバスは運行数が少ないので、あらかじめ運行時間を確認すること。

■マイカー
磐越自動車道津川ICから国道49号を福島県側へ。三郷交差点から県道227号を室谷へ。登山口の案内標識が見えるので標識にしたがって林道に入る。

■登山適期
5月まで残雪が多い。適期は6～11月まで。一般的には新緑や紅葉の季節がよい。

■アドバイス
▽室谷コースは梅雨の時期や雨後に途中の水場までぬかるみの道があるため、スパッツの利用が便利。
▽周辺にみかぐら荘（☎0254・95・2121）、あすなろ荘（☎0254・95・2375）、ブナの宿小会瀬（☎0254・95・3535）、七福荘（☎0254・95・3550）などの宿泊施設があり、下山後に日帰り入浴ができる。

■問合せ先
阿賀町役場☎0254・92・3111、阿賀町役場上川支所振興係☎0254・95・2211、新潟交通観光バス津川営業所☎0254・92・

口があるが、ここでは室谷登山口から登るコースを紹介しよう。

登山口から入山してしばらくは沢沿いに道がのび、沢音を聞きながらの歩行になる。やがて**小沢**を渡ってブナ林に入る。道幅も充分で、危険箇所はないが、ところどころでぬかるんだ道になるので、足もとに注意しよう。要所に案内標識も置かれ、よく整備された道をさらに進むと最後の**水場**に着く。

水場をあとにして、沢筋から尾根へ移ると、勾配も少しきつくなってくる。背後の視界が開けて、さらに歩くと**大森**《おおもり》に着く。

ここから登りつめていくと、ふいに前方が開け、頂上方面が見える。ほぼ水平な道を15分ほど歩くと、雨乞峰《あまごいみね》とよばれる蝉ヶ平コースとの合流点だ。頂上部の全容をはっきりと見ることができる。もうひと息で頂上だ。

登り着いた**御神楽岳**からは360度のパノラマ展望ができる。飯《いい》豊《で》連峰、二王子《にのうじ》岳《だけ》、燧《ひうち》ヶ岳《たけ》と一望する山々が圧巻だ。

充分に景色を楽しんだら、登ってきたルートを下山しよう。

（塩田 誠）

2430、阿賀タクシー☎0254・92・2450、合資会社津川タクシー☎0254・92・2440

■2万5000分ノ1地形図
御神楽岳

CHECK POINT

1 室谷登山口には10台程度の駐車スペースがある

2 岩崩れあり。徒渉にあたり足もとに注意しよう

3 沢音が響く中、風の揺れるブナの葉音も心地よい

4 ここより先には水場がないので、補給をしていこう

5 大森は展望のよい小広場で、遠く飯豊連峰が一望できる

6 石の祠と2等三角点がある御神楽岳山頂

47 四季を通じて楽しめる越後の霊峰を目指す

白山

はくさん
1012m

日帰り

歩行時間＝4時間30分
歩行距離＝8・0km

技術度

体力度

コース定数＝21

標高差＝895m

累積標高差 975m 975m

穀倉地帯に穏やかな山容を見せる白山

白山は「薬師嶽《やくしだけ》・大峰《おおみね》」とよばれ、天狗や大蛇の伝説とともに人々の信仰の対象であった。山名の由来は、山中に祀られる「白山明神」からきており、山頂には薬師如来も合わせて祀られている。尾根線を登り、田村《たむら》線を下る周回コースを紹介しよう。全域にイワカガミとブナ林が続き、新緑、花、紅葉と楽しめる山である。

慈光寺の境内、参拝と回廊を行けばより歴史を感じる

黄金の里会館やトイレが併設された駐車場から出発しよう。慈光《じこう》寺《じ》の参道である禅の道を行く。杉並木は樹齢300～500年で、天然記念物に指定され、歩く人の心を和ませてくれる。

10分も歩くと**慈光寺**境内に入る。応永10（1403）年の開山と伝えられ、山門石段前の巨木は600年を超える。ここで田村線との分岐を直進、板橋を渡るとほどなく**一合目の尾根線登山口**となる。いきなり250㍍の急登が続き、ひと汗かいたところが**三合目**、杉林の中に白山明神祠がある。

気持ちよいブナ林が続き、四合目から**五合目**をすぎ、**七合目**までは時々視界が開けるので、眺望を楽しみたい。

再び斜度を増す樹林帯を登りきれば八合目。ひと息入れたあとはわずかに登って九合目、まもなく

■**鉄道・バス**
往路・復路＝JR磐越西線五泉駅が最寄駅だが、バス便がないので、タクシーを利用する。所要約30分。

■**マイカー**
磐越自動車道安田ICから国道290号で五泉市村松へ。案内板にしたがって慈光寺までは所要約35分。

■**登山適期**
小屋もあり、残雪、新緑、紅葉と通年楽しめるが、7・8月の暑い盛りは避けたい。

■**アドバイス**
▽水場はないので予め準備すること。
▽山域一帯はヤマヒルやダニが棲息しているので予防品は必携。特に梅雨時は要注意。
▽避難小屋は20人ほど宿泊可能。ただしトイレなし。「悪天候や視界不良時、田村線下山は遠慮願いたし」の表記あり。

山頂手前の避難小屋、利用者も多いがよく整理されている

▽山麓の蛭野は「銀杏の里」で知られ、紅葉時期は一面黄金色となる。11月上旬に銀杏祭りが開催される

山頂より眼下に広がる蒲原平野

避難小屋に出ると**白山**山頂はすぐ先だ。避難小屋脇から宝蔵山《ほうぞうさん》への縦走路もあり、権《ごん》ノ神岳《かみだけ》、粟《あわ》ヶ岳《たけ》まで続いている。山頂一角の雨乞いをしたと伝わる鯖《さば》池はやぶ化していて、面影もない。2等三角点の山頂からは眼下に蒲原《かんばら》平野、東は大蔵山《おおくらやま》、菅名岳《すがなだけ》、その先にはるか飯豊《いいで》連峰が広がる。

下山は田村線を行く。八合目付近で川内《かわち》山塊の奥深さを望むことができる。**七合目**ブナの大木は、「天狗《てんぐ》ノ腰掛《こしか》け」とよばれ、よい目印となっている。**五合目**以降はすべりやすく、終点の天狗堂《てんぐどう》までスリップや転倒に注意が必要だ。

下山後は**慈光寺**へ参拝し、古刹の歴史を感じとっていくとよいだろう。

（本間 博）

CHECK POINT

新潟県天然記念物指定のうっそうとした杉並木。森林浴に訪れる人も多い

きつい登りがはじまる尾根線の一合目

三合目杉林の中に祀られる白山明神

秋の尾根線七合目付近、黄色に染まる中を行く

白山山頂の標識。背後に薬師如来が祀られている

田村線七合目、「天狗ノ腰掛け」は天狗伝説に纏わる巨木

▽さくらんど温泉で汗を流したあとは名物の村松の鯉料理を味わいたい。

問合せ先
五泉市村松支所地域振興課☎0250・58・7181

■2万5000分ノ1地形図
越後白山

48

静かなブームをよんでいるブナ林の登山道

大蔵山・菅名岳

おおくらやま　864m
すがなだけ　909m

日帰り

歩行時間＝6時間10分
歩行距離＝11.5km

技術度
体力度

コース定数＝**25**

標高差＝849m

累積標高差 ↗996m ↘996m

菅名岳、大蔵山遠景

大蔵山は五泉《ごせん》市の南東、阿賀野《あがの》川と早出《はやで》川にはさまれた場所にある。山頂からは広大な越後《えちご》平野を見下ろすことができる。一方、菅名岳はその北東方向にある2等三角点の山だ。ここではいずみの里登山口を起点に、大蔵山から菅名岳を周遊するコースを紹介しよう。

登山口からは川を右手に見ながら林道を歩く。しばらく進み、林道三五郎山《さんごろうやま》支線へ分かれ、大蔵山登山口へ向かう。登山口から三合目まではつづら折りの急登が続き、いっきに高度を上げる。ここまでは湿った日当たりの悪い場所となっており、ヤマビルに注意したい。

大蔵山頂上から阿賀野川を俯瞰する

四合目からはブナ林が広がっており、比較的歩きやすくなる。ところどころに金属の管でできた鐘と鉄棒がある。鳴らしながら歩けば熊よけになる。

六合目に着くと、開けた場所があり、五泉市街が一望できる。ここで息を整えたい。

七合目、八合目、九合目の標識を通過すると、やがて3等三角点のある**大蔵山**山頂に着く。川内《かわち》山塊を中心とした白山《はくさん》、粟《あわ》ヶ岳《たけ》、そして越後平野などの展望が楽しめる。

山頂からわずかに行くと避難小屋がある。ここから菅名岳までは稜線の道となる。大半は木々の中を進むため、眺めのよい場所は数箇所だが、アップダウンも緩やかで、歩きやすい。

1時間20分ほど歩くと、ひょっこりと2等三角点の**菅名岳**に着

菅名岳頂上からの眺望

■**鉄道・バス**
往路・復路＝JR磐越西線猿和田駅が起点となる。駅から登山口まではタクシーもしくは徒歩で向かう。

■**マイカー**
マイカー利用の場合は国道290号の五泉より咲花温泉方面に向かうと、中川新交差点にしっかりとした標識がある。登山口の駐車場には約40台駐車できる。

■**登山適期**
例年5月に山開きが開催される。登山道沿いにみごとなブナ林が続き、新緑から紅葉の時期まで楽しめる。ただし沢沿いはヤマビルがいるため

く。多くの登山者でにぎわっていて、飯豊《いいで》連峰をはじめ、遠く越後の山並みを見わたすことができる。

下山は丸山《まるやま》尾根を急下降し、椿平《つばきだいら》へ向かう。**椿平**《つばきだいら》は広々としたブナ林に覆われて、ユキツバキが群生し、休憩によい。ここで丸山尾根と分かれ、ユキツバキ林の道をいっきに下って沢に出る。あとは沢沿いの道となり、丸太橋をいくつか渡りながら、緩やかに下る。沢水は澄んでいて、格好の森林浴エリアだ。**どっぱら清水**の標識を通過すれば、やがて林道終点へいたる。

（杉田卓也・杉田将紀・今井　顕）

CHECK POINT

いずみの里の少し先に入口駐車場がある。林道の先の二五郎橋が大蔵山への分岐となる

大蔵山山頂は白山、粟ヶ岳を背に、越後平野と日本海を望むことができる休憩ポイント

縦走路のブナ林が日影をつくるので心地よく登れる。時折木々の間に越後平野がのぞく

菅名岳山頂。飯豊連峰の展望を眺めながら休憩をとる登山者でにぎわっている

梅雨時は避けたい。

■**アドバイス**

▽いずみの里手前には吉清水があり、近郊から水を汲みに来る人でにぎわう。

▽大蔵山への登山道はかつて沢コースおよび急坂コースがあったが、崩落のため現在は通行不可となっている。

▽大蔵山山頂小屋の大きさは2畳ほど。緊急時に使用可能。

▽どっぱら清水は看板から5分ほど登ったところにある。例年寒の入りから9日目にどっぱら清水から湧き出す清水を汲みにいく「寒九の水汲み」が開催されている。

清酒の仕込みで使用されるどっぱら清水近辺では沢沿いを下る

▽下山後は馬下駅近くに日帰りの公営温泉（馬下保養センター☎0250・47・1030）があるので汗を流していこう。

■**問合せ先**

五泉市商工観光課☎0250・43・3911、みどりハイヤー村松営業所☎0250・58・6349

■**2万5000分ノ1地形図**

村松・馬下

白鳥で有名な瓢湖から望む右の最高峰が菱ヶ岳、左が五頭山

49

美しいブナ林と飯豊連峰の展望が魅力の稜線道

菱ヶ岳・五頭山

ひしがたけ　974m
ごずさん　913m

日帰り

歩行時間＝7時間30分
歩行距離＝12・0km

技術度
体力度

コース定数	＝**29**
標高差	＝782m
累積標高差	↗1160m ↘1160m

五頭山は、南西麓の平野から眺めると五頭連峰のほぼ中央に、山名通りの5つの峰がそろって美しく見える。809年に弘法大師によって開山されたと伝えられ、近在の学童の初登山先として親しまれている。ここでは五頭連峰南西に位置する連峰の最高峰である菱ヶ岳から五頭山へ縦走するルートを紹介しよう。

一ノ峰から菱ヶ岳を振り返る

菱ヶ岳登山口手前の**駐車場**から安野《やすの》川の内沢沿いに進み、村杉《むらすぎ》温泉分岐を左に行き、尾根の右を巻いて**菱見平**《ひしみたいら》に出る。ここには昭和35年遭難事故の供養塔がある。

尾根の右を巻きながら20分ほど行くと林道が右に見えてくる。見通しが開けたところが北山《きたやま》で、ここから5分ほどで**杉端**《すぎはな》だ。菱ヶ岳からの尾根が断崖となって岩のドームを形成している。

この先、冬道と夏道の分岐表示があり、夏道はこの左の山腹を巻いて急斜面の岩の露頭を横切る。足をすべらせたら延々と落ちていくことになるので要注意だ。

小尾根に着くと笹清水《ささしみず》があるが、水量はあまり期待できない。

ここからは赤土の急登で、尾根を右に巻いてブナ林の緩やかな登りが続く。直下の岩場を越えると**菱ヶ岳**山頂だ。雄大な飯豊《いいで》連峰、遠くに磐梯山《ばんだいさん》を望み、振り返れば阿賀野《あがの》川が光って見える。

菱ヶ岳をあとに正面に飯豊の山々を見ながら縦走路を進む。稜線は展望がよく気持ちがいい。与平《よへい》ノ峰《みね》を経て、**中ノ岳**《なかのだけ》からは五頭山五峰がきれいに識別される。

やがて龍神《りゅうじん》清水がある最低鞍部に下る。夏場でも涸れることなくおいしい水が得られる場所だ。登り返して、**三差路**に着いたら右に進んで**五頭山**三角点を往復しよう。ただし、三角点峰は、眺望がよくない。

三差路に戻り、前一ノ峰、一ノ

■鉄道・バス
往路・復路＝JR羽越本線水原駅から阿賀野市営バスの五頭温泉郷線に乗り、村杉温泉下車。登山道まで徒歩約40分。バスは便数が少ないので事前に確認のこと。
■マイカー
磐越自動車道安田ICから国道290

峰のピークを踏むと視界が開ける。眺めもよく、こちらが五頭山山頂のように思える。さらに二ノ峰を経てかまぼこ型避難小屋がある**三ノ峰**に立つ。

ここから分岐を左へ進むと不動尊だ。下る一方となり、途中、**長《ちょう》助《すけ》清《し》水《みず》**を経てアカマツが見えてくると**ドングリの森**は近い。安野川沿い車道を30分ほど下ると出発した**駐車場**に着く。

（今井　顕）

CHECK POINT

駐車場は５箇所で充分なスペースがある

登山口にはクマに注意の表示と登山届箱がある

杉端から左の山腹を巻いて岩の露頭を横切っていく

菱ヶ岳山頂。越後平野や飯豊連峰の眺望が楽しめる

三ノ峰山頂の一隅に建つかまぼこ型の避難小屋

長い下降路の途中にある長助清水

岩を新発田方面に向かい、どんぐりの森キャンプ場と五頭連峰村杉登山口の表示板をすぎ、安野川左岸の林道を進んでいくと駐車場に着く。水原方面からは出湯温泉、今板温泉を経由する。

■**登山適期**
4〜11月が適期。例年5月3日が五頭連峰の山開き。このころは残雪期で、夏道が雪に覆われている箇所があり迷いやすい。若葉の5〜6月、落ち葉を踏みながらの晩秋登山もよい。

■**アドバイス**
▽五頭連峰は東の金鉢山から西の宝珠山まで約13キロの稜線が連なる山塊で、随所に登山道が整備されており、さまざまなコースが楽しめる。
▽五頭山の五峰にはそれぞれ観世音菩薩、薬師如来、不動明王、毘沙門天、地蔵菩薩の石仏が祀られている。
▽登山口近くには出湯温泉共同浴場（☎0250・62・3863）、華報寺共同浴場（☎0250・62・7612）、村杉温泉薬師乃湯（☎0250・66・2626）など多くの共同浴場がある。

■**問合せ先**
阿賀野市役所笹神支所☎0250・62・4142、阿賀野市商工観光課☎0250・61・2479

■**2万5000分ノ1地形図**
出湯

50 松平山

五頭連峰北側の静かな縦走路を行く

まつだいらやま
954m（1等三角点）

日帰り

歩行時間＝6時間10分
歩行距離＝11.5km

技術度
体力度

コース定数＝27
標高差＝750m
累積標高差 ↗1170m ↘1170m

五頭《ごず》連峰には北側の松平山からの縦走路、南側の菱《ひし》ヶ岳《たけ》からの縦走路の2つが日帰り縦走路コースとして人気だ。ここでは山葵山《わさびやま》、松平山、五頭山《ごずさん》とたどり、赤安山《あかやすやま》へ向かう周回コースを紹介しよう。

国道290号から県道509号に入り、五頭連峰少年自然の家前を通過、赤安山登山口、松平山登山口をすぎて、最奥の突き当たりに駐車場がある。ここが**松平山登山口**だ。河原へ下り、右手に魚止《うおどめ》の滝《たき》を見て木橋を渡る。

滝音を聞きながら緩やかに登ると一合目と案内標識がある。この道標は山頂まで一合ごとにあるのでコース確認に使える。つづら折りの急坂となり、30分ほどブナ林と樹木のトンネルが続く。右手に五頭連峰の視界が見えてくると、やがて六合目の標識があり、**山葵《わさび》山《やま》**山頂の入口となる。これから縦走する松平山、五頭山、赤安山の展望がよい。

ここからは尾根道と山腹道の繰り返しが続き、九合目と雷清水《かみなりしみず》の標識をすぎるとまもなく**松平山**に登り着く。五頭連峰唯一の1等三

■鉄道・バス
往路・復路＝JR羽越本線水原駅が最寄り駅だが、利用できるバスはないので、タクシーを利用して登山口へ。

■マイカー
磐越自動車道安田ICから国道290号を北進し、畑江地区で県道509号五頭公園畑江線に右折して魚止の滝駐車場へ。約13㌔。水原駅からは約11.5㌔。

■登山適期
例年5月の連休に山開きが行われる。この時期、縦走路にはまだ残雪があるので迷いやすい。新緑のころ、紅葉の時期がベスト・シーズン。

■アドバイス
▽魚止ノ滝の丸太橋は迂回路がなく、増水で流されることもあるので確認のこと。
▽麓の県民いこいの森に五頭連峰少年自然の家や秋取山遊歩道があり、野外活動や自然研究を行う社会教育施設が充実している。
▽温泉施設は出湯温泉協同浴場（☎0250・62・3863）がある。近くの村杉温泉まで足をのばしてもよい。

■問合せ先
阿賀野市役所笹神支所☎0250・62・4142、水原タクシー☎0250・62・3333

■2万5000分ノ1地形図
出湯

山葵山山頂から松平山、五頭山を望む

CHECK POINT

1 登山口には登山届箱がある

2 魚止の滝を見て木橋を渡る

3 六合目の標識が立つ山葵山

4 雷清水からはすぐに山頂だ

5 1等三角点の松平山山頂

6 大日清水の標識脇を進む

7 3等三角点の五頭山山頂

8 赤安山分岐は右に行く

角点があり、五頭連峰が望める。

松平山から山頂を回りこむように下ると、開けた電波の反射板跡に着く。まもなく**大日《だいにち》清水**の標識をすぎて45分ほどで中《なか》ノ沢《さわ》（阿賀町側からのいわゆる裏五頭ルート）からの杉峰《すぎみね》分岐に着く。ここまではササに覆われていたり、ぬかるんでいることもあるので注意したい。数分で**五頭山**山頂だ。

五頭山からは一《いち》ノ峰《みね》から五《ご》ノ峰《みね》へ向かう。ここからは分岐が多いので注意したい。分岐を北西側へ行く。一ノ峰、五ノ峰は展望がよいので足を止めてもいいだろう。五ノ峰をすぎたら**赤安山分岐**の道標を確認、約35分で**赤安山**に着く。

赤安山登山口に下るコースは登山者が少ないため、下草が多い。緩い下りからつづら折りの杉林に入ると**赤安山登山口**だ。ここからは10分ほどで**松平山登山口**の駐車場に戻る。

（今井　顕）

51

積雪期しか踏めなかった頂に登山道が開かれ、新しい展望が広がる

蒜場山

ひるばやま
1363m

日帰り

歩行時間＝6時間30分
歩行距離＝10・5㎞

技術度

体力度

コース定数＝**29**

標高差＝1043m

累積標高差 1340m 1340m

岩岳から蒜場山山頂を望む

山頂から飯豊連峰・大日岳方面を望む

新潟市北部から二王子岳《にのうじだけ》と五頭《ごず》連峰の間に尖った船底の大きな山容が見える。これが蒜場山だ。平成9年、下越山岳会が登山道を切り拓き、「米平新道《よねへいしんどう》」と名づけられ、登山口に石柱が立っている。山頂からは飯豊《いいで》連峰・大日岳《だいにちだけ》方面や烏帽子山《えぼしやま》などの会津《あいづ》の山々や川《かわ》内《ち》山塊、五頭連峰などの展望がよい。

上赤谷《かみあかたに》で交通案内標識通りに加《か》治川《じかわ》治水ダムに進む、いくつかの雪除けのトンネルを抜け、登り坂を終えると、**加治川《かじかわ》治水ダム**に着く。登山口の表示板があり、堰堤上を対岸に渡ると登山者記入箱がある。記入してから登山をはじめよう。米平新道の石柱の脇からすぐ階段の急登となる、杉木立が見えてきたらダム工事と鉱山の跡に着く。平坦になる

■鉄道・バス
往路・復路＝JR羽越本線新発田駅から東赤谷までバスがあるが、バス停からダムまで1時間30分は歩くことになるので、マイカー利用が一般的。

■マイカー
新発田市街から県道新発田津川線を行き、上赤谷の交差点で左の加治川治水ダムに進路（標識がある）をとる。駐車場はダムサイトと約100㍍先の2箇所で、トイレもある。

■登山適期
5月から11月。5月は東赤谷～ダム間は除雪の状態によるので、事前に確認のこと。

米平新道石柱の脇から急な階段道を登っていく

■アドバイス
▽下山時、コース途中に水場はない。
▽烏帽子岩からの下りは充分に注意しよう。

■問合せ先
新発田市観光振興課☎0254・28・9960

■2万5000分ノ1地形図
蒜場山・東赤谷

のでひと息つくとよい。

　露岩のやせ尾根になり、右側に俎倉山《まないたくらやま》の尾根が深い谷に落ちている。緩い登りになり、尾根も広くなってくると、杉の大木が出てきて、杉間を抜けるようになると738㍍の**独標**に着くが、気をつけていないとわからない。

　傾いた大きな杉のある**岩岳**《いわたけ》に立つと、烏帽《えぼ》子岩《しいわ》も山頂も手にとるように見えてくる。東に向かい、鞍部まで下り、登り下りを経て巻くように移動すると岩場となる。鎖場も現れるが、足もとはしっかりしているので、慎重に登れば、**烏帽子岩**の上に出る。狭い上に両側が切れ落ちているのですべらないように注意をしよう。

　やせ尾根が続き、兎モドシの岩場は特に気を使いながら進む。傾斜が落ちてきて前を見ればもうすぐ稜線だ。登りきれば**山伏峰**《やまぶしみね》の案内板がある。稜線に出て東に向きを変えると、飯豊連峰・大日岳方面が目に入ってくる。ササと灌木の中を多少上下しながら進むと傾斜した広場に出る。ここが**蒜場山**山頂だ。2等三角点と「蒜場山」と彫られたりっぱな石柱がある。飯豊の山々が間近に見え、五頭連峰、川内山塊や会津の山々まで確認できる。

　帰路は往復を戻るが、やせ尾根が続き、雨上がりはすべりやすかったりするので注意して下山しよう。

（早坂伸二）

CHECK POINT

1

大杉が目印の岩岳山頂。展望がよい

2

烏帽子岩の鎖場。足もとはしっかりしているので、慎重に登っていこう

3

狭くて両側が切れ落ちた烏帽子岩

4

展望に恵まれた蒜場山山頂

52

飯豊連峰など周辺山岳の展望に恵まれた山

焼峰山

やけみねやま
1086m

日帰り

歩行時間＝4時間40分
歩行距離＝8・5㎞

技術度

体力度

コース定数＝**21**	
標高差＝836m	
累積標高差	↗900m ↘900m

飯豊《いいで》連峰や下越の山々の展望台として知られるのが焼峰山。この山へは滝谷《たきだに》と加治川《かじかわ》治水ダムから登山道が拓かれている。その中で初・中級者向きで、比較的登山道が整備されている滝谷コースを紹介しよう。

上赤谷の景勝清水前から見る焼峰山

修蔵峰から内の倉ダム湖と東港を望む

駐車場から林道を少し戻ったところが**滝谷登山口**。杉林の中、比較的緩やかな登山道を歩き、杉林や雑木林を交互に繰り返しながら約1時間程度歩くと、正面に蒜場山《ひるばやま》が見える平らな尾根に出たところが**うぐいす平**だ。

ここから岩とガレ場の尾根の急登になるので、充分な休憩をとりたい。眺めのよいところで時々小休止しながら、ゆっくりと岩場やガレ場、鎖場を登り、約5《メートル》ほどだが、右側が切れ落ちた**ガレ場**を慎重に通過する。約20分で登山道途中のオアシスである**清水釜**《しみずがま》に出合う。近年は水場での採水が難しいことがある。

清水釜から約20分で**修蔵峰**《しゅうぞうみね》（本田修蔵氏の遭難碑）に出る。正面に山頂ピーク、右手に蒜場山や俎《まないた》倉山《くらやま》の眺めがすばらしい。眼下には内《うち》の倉《くら》湖や東港《ひがしこう》なども見える。

いったん尾根道を下ったあと、山腹左側へトラバースし、急登をすぎると**焼峰山**山頂に出る。山頂

■**鉄道・バス**
往路・復路＝JR羽越線新発田駅から新潟交通バス東赤谷行きに乗り、焼峰橋バス停下車、徒歩約40分で滝谷登山口。

■**マイカー**
日本海東北自動車道路聖籠新発田ICから国道290号、県道14号で上赤谷交差点を加治川治水ダム方面に左折、焼峰橋バス停で左折、橋を渡って右折し、標識にしがたえば約5分で滝谷登山口。登山道入口から奥に5台前後駐車可、登山道入口付近は駐車禁止。

■**登山適期**
4月末～10月末が登山シーズン。4月末までは一部に残雪があり注意が必要。

■**アドバイス**
▽岩とガレ場の尾根の取付から清水釜までの間は雨天時以外でも注意が必要。
▽水場の清水釜は水量が少なくなって利用できないこともある。
▽加治川治水ダムコースは登山口の標高が高いが、アップダウンの連続で、焼峰ノ頭から焼峰山の山頂へ行くことになる。

■**問合せ先**
新発田市役所観光振興課☎0254・28・9960

■**2万5000分ノ1地形図**
上赤谷・東赤谷

焼峰山山頂から飯豊連峰北股岳を望む

はとても眺めがよく、周辺の山々、飯豊連峰はもとより、近くの二王子岳《にのうじだけ》や五頭《ごず》連峰など360度の展望が得られる。

余裕があれば山頂東側の焼峰《やけみね》ノ頭《かっち》まで足をのばすのもよい。往復20分前後だ。焼峰山より少し標高が高く、飯豊《いいで》連峰はこちらの方がよく見える。振り返るとひと味違った焼峰山を見ることもできる。

下山は往路を下る。岩とガレ場の尾根道の下りには充分注意したい。（親松勝栄）

CHECK POINT

1 滝谷登山口より奥にある駐車場

2 滝谷登山口。登山届ポストあり

3 杉林の中の登山道

4 うぐいす平。ここから尾根道

5 鎖場。すべりやすいので注意しよう

6 焼峰山山頂。飯豊連峰がよく見える

53

ブナ林から登りがはじまる飯豊連峰北端の山

杁差岳① 東俣コース

えぶりさしだけ 1636m

一泊二日

第1日 歩行時間＝8時間20分 歩行距離＝11・7km
第2日 歩行時間＝6時間40分 歩行距離＝11・7km

技術度 2/5
体力度 4/5

コース定数＝**62**

標高差＝1440m

累積標高差 ↗2661m ↘2661m

杁差小屋より杁差岳を望む

飯豊《いいで》連峰最北端に位置する杁差岳は、標高が1700㍍に満たないながら、森林限界を越しているため、頂上からは、日本海をはじめ、南に連らなる飯豊連峰、朝日《あさひ》連峰まで、広い範囲を見わたすことができる。ここでは北側の大石《おおいし》ダムを起点に東俣川《ひがしまた》を遡り、カモス峰《みね》、千本峰《せんぼんみね》を経て杁差岳に登るコースを歩いてみよう。

第1日　関川《せきかわ》村内を通過する国道113号から雲母《きら》温泉付近で大石川沿いの県道に進み、大石ダムに向かう。大石ダムから左手の東俣川沿いの林道を進み、東俣彫刻公園先の**林道ゲート**で一般車両は通行止めになる。ゲート脇に車が数台置けるスペースがある。

ゲートから5㌔先の**林道終点**で1号橋を渡ったあと、ブナ林の中の登山道がはじまる。途中から右斜面を進み、2号橋に着く。ここから急登を経て**カモス峰**へ。さらに登り下りを繰り返し、権内《ごんない》ノ峰《みね》、**千本峰**へ向かう。千本峰への途中右手に雨量観測所の建物が見えてくる。

木々が喬木から灌木に変わると、しだいに緩やかになっていき、**前杁差岳**に出る。杁差岳が見えるようになり、さらに進むと池塘が点在する長者平《ちょうじゃだいら》にさしかかる。あとは一投足で**杁差岳**だ。直下に避難小屋の杁差小屋がある。小屋の周辺には、季節により、ハクサンイチゲ、ニッコウキスゲ、マツムシソウなど高山植物が迎えてくれる。

第2日　前日来た往路を戻る。

（佐々木 満）

■鉄道・バス
往路・復路＝JR米坂線越後下関駅下車。バス便はないので、登山口までタクシーを利用することになる。

■マイカー
日本海東北自動車道荒川胎内ICから国道113号、県道272号などで林道ゲートまで約26㌔。越後下関駅からは約12㌔。

■登山適期
6月～10月上旬が登山シーズン。高山植物は6月初旬～8月初旬、草紅葉・紅葉は9月～10月上旬。10月中旬以降は降雪に見舞われることもあるので注意が必要だ。

■アドバイス
▽小屋は避難小屋で、食料や寝具は持参のこと。
▽水場は山小屋の南にあるが、秋は枯れることがある。残雪に覆われている時期は、残雪か長者平の雪融水を使用する。利用する場合は煮沸が必須。
▽西俣コースは、崩落箇所があり、通行禁止。
▽関川村周辺には高瀬温泉、鷹の巣温泉、雲母温泉、湯沢温泉、桂の関温泉（ゆ～む）などがある。

■問合せ先
関川村役場総務政策課（東俣コース、杁差小屋）☎0254・64・1478、荒川タクシー☎0254・64・1042

杁差岳より縦走路を望む。手前より杁差小屋、鉾立峰、大石山

CHECK POINT

東俣川沿い林道のゲート

林道終点にある東俣川にかかる1号橋

1号橋を渡ったあとのブナ林

東俣川にかかる2号橋

権内ノ峰より前杁差岳（中央部）と千本峰を望む

前杁差岳より杁差岳（右側後方）を望む

■2万5000分ノ1地形図
安角・杁差岳

53は53杁差岳①のCHECK POINT番号です
54は54杁差岳②のCHECK POINT番号です
N
0
1:50,000
1km
新潟県
関川村
越後下関駅、国道113号へ
大石ダム
東俣彫刻公園
Start Goal
林道ゲート
196m
53-1
崩落箇所があり、通行禁止
西俣コースへ
一本松
葡萄鼻山
林道終点
1号橋
2号橋
53-2
53-3
53-4
1:30
1:20
2:30
2:00

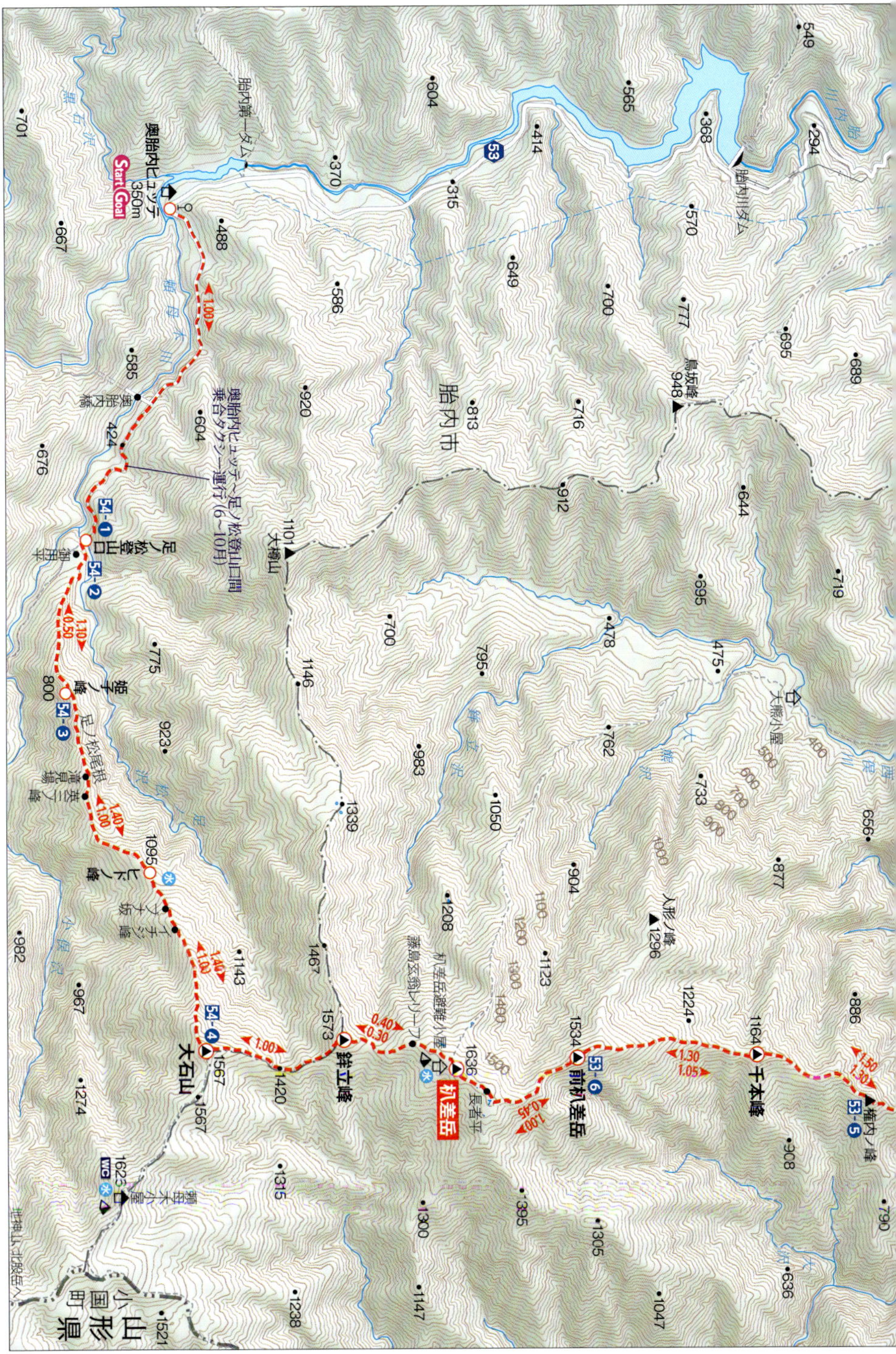

奥胎内ヒュッテ
350m
Start Goal
胎内第一ダム
胎内川ダム
胎内市
足ノ松登山口
奥胎内ヒュッテ〜足ノ松登山口間乗合タクシー運行（6〜10月）
姥ノ峰
足ノ松尾根
ヒドノ峰
大石山
鉾立峰
朳差岳
朳差岳避難小屋
前朳差岳
千本峰
権内ノ峰
鳥坂峰
大境山
人形ノ峰
大熊小屋
長者平
頼母木小屋
山形県
小国町

54

奥胎内から飯豊連峰北端の杁差岳へ、最短コースを往復する

杁差岳②

足ノ松尾根コース

えぶりさしだけ 1636m

一泊二日

第1日 歩行時間＝7時間10分 歩行距離＝9.0km
第2日 歩行時間＝5時間20分 歩行距離＝9.0km

技術度 ●●○○○
体力度 ●●●○○

コース定数＝**50**

標高差＝1286m

累積標高差 ↗2045m ↘2045m

秘境として知られる奥胎内《おくたいない》から足《あし》ノ松《まつ》尾根を登って飯豊《いいで》稜線にある大石山《おおいしやま》を経由して飯豊北端の雄峰・杁差岳を往復する。

第1日 胎内市内を通過する国道7号から胎内川沿いの県道53号から402号を経由して胎内スキー場を目指す。胎内スキー場からは胎内川沿いの一本道を奥胎内ヒュッテまで進む。

一般車両は**奥胎内ヒュッテ**で通行止めとなる。ヒュッテの手前道路脇に車10数台が置けるスペースがある。ここから乗合タクシーが季節運行され、登山口まで入れるが、期間外は、3キロほど歩くことになる。

足ノ松登山口からみごとなブナ林の中の登山道がはじまる。すぐに急登となり、小さな平頂の**姫子**《いめこ》**ノ峰**《みね》まで続く。姫子ノ峰で大石山や地神山《ちがみやま》などの飯豊稜線が望まれる。

登り下りや岩場がある道を進み、やがて滝見場に出る。さらに緩やかな登山道が**ヒドノ峰**へと続く。水場への分岐が出たあとは、ブナ林から灌木帯への登りとなり、チシマザサが出はじめてさらに進んでいくと稜線上の**大石山**に着く。山頂付近から

鉾立峰より杁差岳を望む

滝見場より足ノ松沢を望む。右側後方に鉾立峰が見える

■鉄道・バス
往路・復路＝JR羽越線中条駅下車。バス路線がないため、タクシーまたはマイカーでの入山となる。

■マイカー
日本海東北自動車道中条ICから胎内川沿いの県道53号に入り、胎内第一ダムを目指す。約33キロ。中条駅からは約29キロ。

■登山適期
53杁差岳①（132ページ）を参照。

■アドバイス
▽乗合タクシーが奥胎内ヒュッテと足ノ松尾根登山口の間、季節運行される。夏季～秋季の間、土・日曜、祝日のみ。奥胎内ヒュッテからは早朝発、足ノ松尾根登山口からは午後発。運行日・時間は確認のこと。
▽杁差小屋は避難小屋で、食料・寝具は持参のこと。
▽水場は、杁差小屋の南とヒドノ峰近くにあるが、秋は枯れることがある。
▽胎内市には奥胎内ヒュッテ（非温泉）、新胎内温泉、クアハウスたいない、塩の湯温泉がある。

■問合せ先
胎内市役所商工観光課（頼母木小屋、門内小屋、足ノ松尾根コース、乗合タクシー）☎0254・43・6111、中条タクシー☎0254・44・8888、関川村役場総務政策課（杁差小屋）☎0254・64・1478

杁差岳より飯豊連峰南部を望む。左側後方が飯豊山

CHECK POINT

1 奥胎内ヒュッテから乗合タクシーを利用して足ノ松尾根コースの登山口へ

2 足ノ松尾根登山口から登山道に入ると、みごとなブナ林が続く

3 姫子ノ峰から飯豊連峰の稜線部を見上げる。中央部後方は大石山

4 大石山から目指す鉾立峰、杁差岳を望む。夏の早い時期には残雪も豊富だ

は、鉾立峰《ほこたてみね》と杁差岳が望まれる。

鉾立峰の前後は急斜面となっており、杁差岳へはもうひと踏ん張りとなる。飯豊の開拓者である藤島玄氏のレリーフをすぎたら、一投足で**杁差岳**に着く。頂上直下に今夜の宿となる避難小屋の杁差小屋がある。

第2日 前日来た往路を戻る。

（佐々木 満）

■2万5000分ノ1地形図
安角・杁差岳

＊コース図は134～135ページを参照。

55 飯豊連峰

お花畑、池塘と雪渓に飾られた飯豊連峰の稜線縦走

いいでれんぽう　2105m
（飯豊山／1等三角点）

三泊四日

第1日　歩行時間＝9時間30分　歩行距離＝12・8km
第2日　歩行時間＝8時間40分　歩行距離＝12・5km
第3日　歩行時間＝7時間20分　歩行距離＝11・0km
第4日　歩行時間＝6時間20分　歩行距離＝12・0km

技術度　3/5
体力度　5/5

コース定数＝**118**
標高差＝1778m
累積標高差　↗4330m　↘4245m

↑草月平のニッコウキスゲ群落。飯豊山（中央後方）

←大日岳からの北股岳（左側後方）と梅花皮岳・烏帽子岳（中央部）を振り返る

飯豊連峰は新潟、山形、福島の三県にまたがり、標高2000《メートル》前後の山々が峰を連ねている。縦走路の登下降が少なく、尾根が広い穏やかな山容である。残雪と池塘、多種の花が稜線を飾るのが魅力である。杁差岳《えぶりさしだけ》、北股岳《きたまただけ》、最高峰の大日岳《だいにちだけ》そして飯豊山を縦走するコースを案内しよう。

第1日　羽越《うえつ》線中条《なかじょう》駅から**奥胎内《おくたいない》ヒュッテ**経由で**足《あし》ノ松《まつ》尾根登山口**へ。大石山《おおいしやま》までの詳細は54杁差岳②を参照。**大石山**から**杁差岳**へは空身で往復後、おだやかな草原の中を進むと、**頼母《たも》木《ぎ》小屋**に着く。

第2日　**頼母木小屋**からひ

■**鉄道・バス**
往路＝54杁差岳②を参照。
復路＝西会津町民バス（デマンドバス）が弥平四郎集落とJR磐越西線野沢駅間を結んでいる。乗車する場合には事前予約が必要。また、弥平四郎集落からの林道は、終点までタクシーが入るので、事前に予約しておけば弥平四郎集落までの歩きが短縮できる。

■**マイカー**
縦走コースのため、マイカーは不向き。奥胎内ヒュッテ、弥平四郎登山口に2台の車を配車できれば可能だが、回収に時間がかかることがネックになるだろう。

■**登山適期**
足ノ松尾根までの林道が開通している6～10月が適期。夏は入山者が多く、山小屋が混雑する。秋は草紅葉がみごと。10月中旬には初雪となる。

■**アドバイス**
▽エスケープルートは丸森尾根、梶川尾根がある。石転び沢コースはアイゼンが必要で危険。北股岳のおういんの尾根コースは、加治川沿い林道が土砂崩れにより利用できない（令和4年3月現在も同様で、復旧の予定はない）。ほかに、大日岳からのオンベマツ尾根、飯豊山からのダイグラ尾根への各ルートはいずれも長い道程となる。
▽杁差小屋を除き縦走路にある山小

と登りすると頼母木山《たもぎやま》に出る。その後、地神北峰《ちがみきたみね》の**丸森尾根分岐**で丸森《まるもり》尾根ルートに、**扇ノ地紙**《おうぎのちがみ》で梶川《かじかわ》尾根ルートが合流する。北股岳を見ながら進んでいくと**門内岳**《もんないだけ》に出る。ミヤマウスユキソウなど多種の花が咲くギルダ原をすぎると、北股岳への登りが始まる。**北股岳**で標高が2000㍍を越え、大きく広がる大日岳と形のよい飯豊山が迫って見える。

北股岳の足もとが**梅花皮小屋**《かいらぎ》が建つ十文字《じゅうもんじ》鞍部で石転《いしころ》び沢《さわ》ルートに出合い、梅花皮岳《かいらぎだけ》に登り着く。**烏帽子岳**《えぼしだけ》から御西岳《おにしだけ》までは与四太郎《よしたろう》ノ池、御手洗《みたらし》ノ池などが点在し、また、山腹を横切るところもあり、道が雪渓で覆われているときは要注意だ。飯豊山と大日岳との分岐に立っている**御西小屋**に宿泊する。

第3日　大日岳への途中にある文平《ぶんぺい》ノ池は飯豊連峰の中でいちばん広い池である。付近ではチングルマなどの群生が見られる。最高峰の**大日岳**頂上からは鳥海山《ちょうかいさん》、朝日《あさひ》連峰をはじめ、遠く尾瀬《おぜ》の燧ヶ岳《ひうちたけ》、日本海に浮かぶ佐渡島《さどがしま》まで眺められる。**御西小屋**に戻り、飯豊山へ向かう。この稜線南面の大雪渓が御鏡雪《みかがみゆき》の雪田である。この消え際にハクサンコザクラなどが咲き誇る。

飯豊山頂上でダイグラ尾根のコースが合流する。縦走路は飯豊神社・本山《ほんざん》小屋の少し先で下降がはじまり御秘所《おひしょ》、草履塚《ぞうりづか》へと続く。この日は**切合小屋**《きりあわせ》に宿泊する。

第4日　種蒔山《たねまきやま》を越え**三国岳**《みくにだけ》まで進む。三国小屋で剣《けん》ヶ峰《みね》への道と分かれ、右手の**疣岩山**《いぼいわやま》へ向かう。松平《まつだいら》峠と巻岩山《まきいわやま》への分岐に出たら、目の前の急坂を松平峠へ、ここからは斜面を下降し、祓川《はらいかわ》山荘をすぎればすぐ**林道**に出る。

（佐々木　満）

屋は、夏季を中心に管理人が常駐するが、食料・寝具は持参のこと。切合小屋は食事（要予約）が頼める。

■**問合せ先**
足ノ松尾根コースは、54杁差岳②を参照。阿賀町役場鹿瀬支所（御西小屋）☎0254・92・3330、喜多方市役所山都総合支所産業課商工観光係（本山小屋・切合小屋・三国小屋）☎0241・38・3831、西会津町役場商工観光課（祓川山荘）☎0241・45・2213、デマンドバス予約センター☎0241・48・1300、西会津タクシー☎0241・45・3126、

■**2万5000分ノ1地形図**
安角・杁差岳・二王子岳・飯豊山・大日岳

獅子沼付近より飯豊山（中央後方）眺望

CHECK POINT

頼母木山から見る杁差岳（右後方）、鉾立峰、大石山、頼母木小屋

門内岳より目指す飯豊連峰南部を望む

3日目の宿となる御西小屋。飯豊山と大日岳の分岐に建つ

文平ノ池越しに見る飯豊連峰最高峰の大日岳

縦走最終日の宿となる切合小屋とキャンプサイト

美しいブナ林が広がる祓川山荘付近

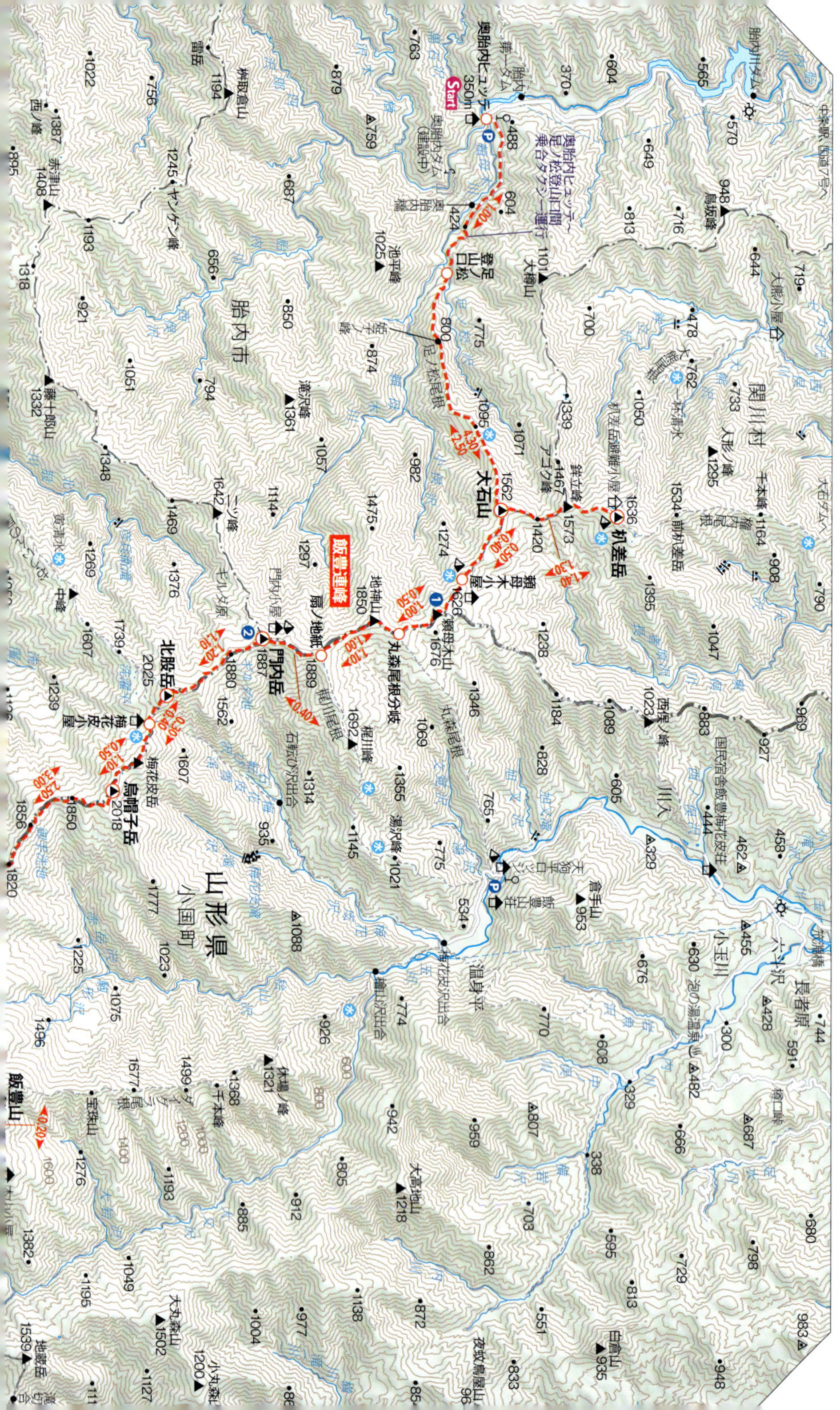
飯豊連峰
Start
奥胎内ヒュッテ
350m
奥胎内ヒュッテ～足ノ松登山口間乗合タクシー運行
足ノ松登山口
足ノ松尾根
大石山
杁差岳
杁差岳避難小屋
鉾立峰
頼母木小屋
頼母木山
地神山
丸森尾根分岐
丸森尾根
扇ノ地紙
梶川尾根
門内小屋
門内岳
北股岳
梅花皮小屋
梅花皮岳
烏帽子岳
飯豊山
胎内市
関川村
山形県
小国町
天狗平ロッジ
飯豊山荘
温身平
国民宿舎飯豊梅花皮荘
大熊小屋
胎内川ダム
中条駅、国道7号へ
長者原
小玉川
藤十郎山
赤津山
二ツ峰
滝沢峰
池平峰
大境山
倉手山
千本峰
宝珠山

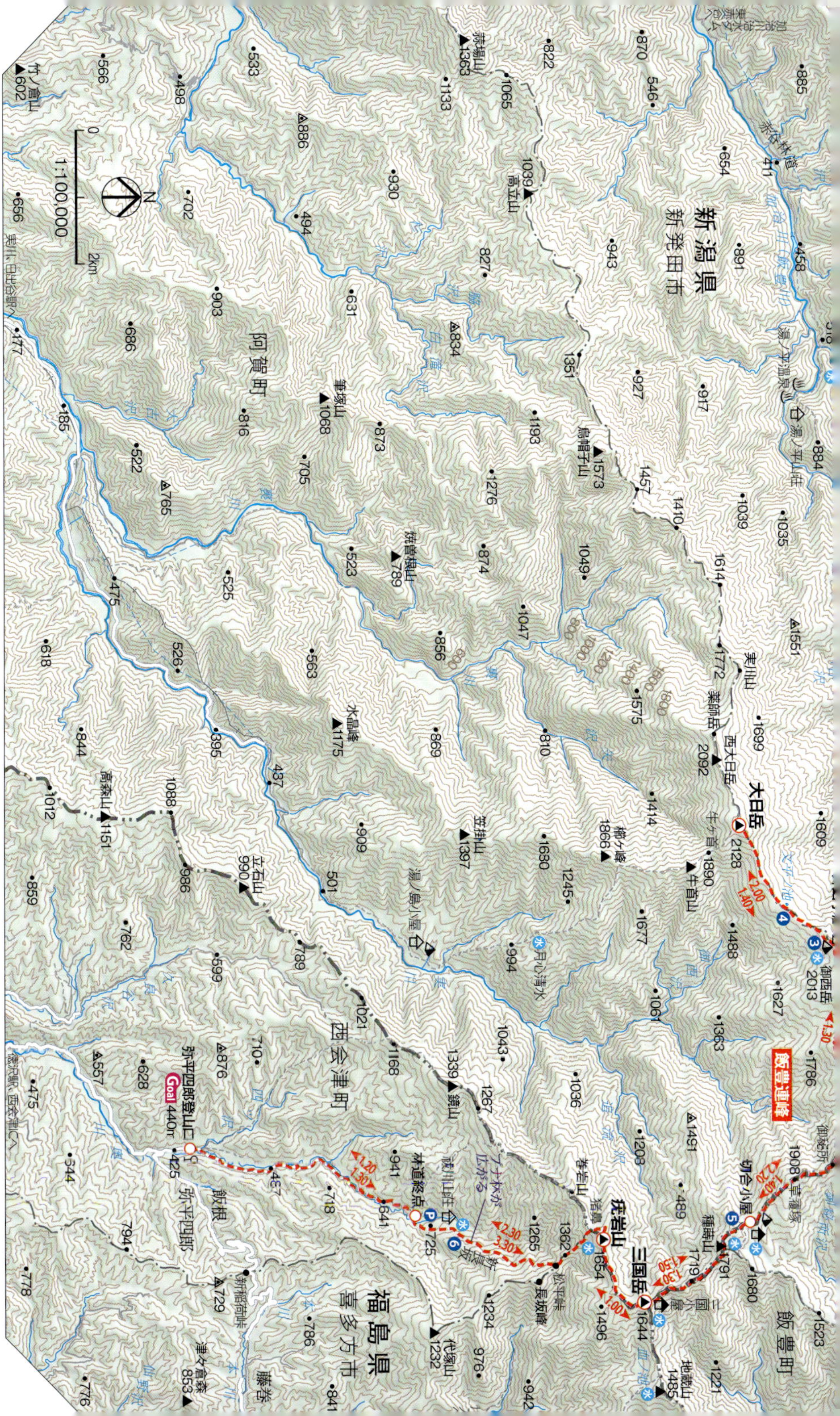

新潟県
新発田市
阿賀町
西会津町
福島県
喜多方市
飯豊町
飯豊連峰
大日岳
2128
西大日岳
薬師岳
2092
牛ヶ首
牛首山
1890
櫛ヶ峰
1866
御西岳
2013
笠掛山
1397
水晶峰
1175
烏帽子山
1573
高立山
1039
筆塚山
1068
焼峰山
789
三国岳
1644
疣岩山
1654
種蒔山
1791
切合小屋
三国小屋
地蔵山
1485
鏡山
1339
立石山
990
高森山
1151
代塚山
1232
湯ノ平温泉
湯ノ平山荘
湯ノ島小屋
月心清水
林道終点
弥平四郎
弥平四郎登山口
Goal
440m
飯根
藤巻
1:100,000
0
2km
N

56 新潟平野にそびえる飯豊連峰の展望台

二王子岳

にのうじだけ

1420m

日帰り

歩行時間＝6時間10分

歩行距離＝11.1km

技術度

体力度

コース定数＝27	
標高差＝1125m	
累積標高差	↗1205m ↘1205m

東山麓の新発田市郊外から見る二王子岳

二王子山頂から飯豊連峰を望む

飯豊《いいで》連峰の前衛峰として新潟平野にそびえ立つ二王子岳は、飯豊連峰や新潟平野の大パノラマで知られ、残雪や新緑、紅葉の時期は県内外の岳人でにぎわっている。

登山コースは二王子神社からの南俣口《みなみまたぐち》と、胎内《たいない》第一発電所からのコースがあるが、胎内からのコースは不明瞭な箇所が多く、距離が長いため、ここでは南俣口からのコースを紹介しよう。

二王子神社の登山口から杉林の中、沢沿いの緩やかな道を登っていくと、20分ほどで急登がはじまる。その直後に一合目の道標が見えてくる。この道標は山頂まで一合ごとにある。

やがて登山脇に神子石といわれる大きな石が現れる。かつて女人禁制だったころに登山した女性が石になったという伝説があり、すぐ上が二合目の水場となる。

急坂をしばらく行くと、平らになった杉林の中に**一王子《いちのうじ》避難小屋**があり、三合目の標識と水場の標識がある。ここを50㍍ほど下ると水場だが、水量は乏しい時もある。この三合目までが少し苦しい登りとなる。

ここから傾斜がやや緩くなり、展望も少しずつよくなってくる。標高994㍍のピークは「**独標**《どっぴょう》」または「定高山《じょうこうざん》」とよばれ、五合目の標識と積雪の目安となる柱が立っている。

さらに登り、下《しも》ノ鴨《かも》池、上《かも》ノ鴨《かも》池をすぎる。次に**油**《あぶら》**こぼし**の急坂を登ると七合目だ。油こぼしにはロープがあり、特に下りの際は注意したい。

小さいお花畑をすぎ、低木の中を進む。道から少し左に入ったところに、三王子《さんのうじ》の石祠がある。こ

■**鉄道・バス**

往路・復路＝JR新発田駅から上板山行きの公営バスに乗り30分、中田屋バス停で下車。南俣の集落を経て、二王子神社まで約1時間20分歩く。バスの運行状況は新潟交通に確認のこと。

■**マイカー**

新潟方面から国道7号で新発田の町をすぎ、JR羽越本線の陸橋を渡る。二王子岳の看板がある高浜入口の交差点を曲がり、その後も要所ごとにある看板にしたがって二王子神社に向かう。二王子神社直前の欄干の御岳橋を渡って右側に30台ほど駐車で

のあたりまで来ると高山の雰囲気となり、6月くらいまでは雪が残っている部分もあるので、ストックがあると安心だ。

　頂上を目の前に見ながらもうひと登り。ロボット雨量計、二王子神社奥ノ院跡、二本《にほん》木山《ぎやま》への分岐をすぎると、頂上直下の避難小屋に出る。登り着いた**二王子岳**山頂には飯豊連峰の展望がある。胎内渓谷を隔てて飯豊連峰のほぼ全貌が見わたすことができ、まさに絶景だ。

　下山は登った道を下る。残雪時期は迷いやすいので注意すること。（今井　顕）

CHECK POINT

1 三合目にある一王子避難小屋

2 急坂の油こぼし。登りきると七合目となる

3 山頂直下に建つかまぼこ型の二王子避難小屋

4 山頂には鐘がある。山旅の安全を願って鳴らしていこう

きる。

■登山適期
5～11月が登山シーズン。5～6月の残雪と新緑の時期や10～11月の紅葉期が美しい。なお残雪期、新雪期は年によって状態が異なるので要注意。

■アドバイス
▽山開きは毎年5月の最終日曜。この時期は六合目以降にはまだ残雪があるので、スパッツ、ストック、日差しの照り返しに備えてサングラスを携行したい。
▽二王子神社の境内には簡易的なトイレやキャンプ用の炊事場が整っている。近くには沢水が引かれた手水舎がある。また、駐車場手前の橋の下には妹背滝という小さな滝がある。
▽7月には二王子岳を代表するニッコウキスゲが、もう少し早ければヒメサユリが出迎えてくれる。
▽山頂直下は尾根が広く、夏道が雪に隠れると迷いやすい。地図とコンパスを忘れないようにし、特に濃霧時は方向を充分確かめてから下ろう。
▽新発田への帰路にあやめの湯（☎0254・26・1173）がある。

■問合せ先
新発田市観光協会☎0254・26・6789、新潟交通観光バス新発田営業所☎0254・23・2111

■2万5000分ノ1地形図
二王子岳・上赤谷

57

飯豊連峰や二王子岳の展望が魅力

風倉山

かぜくらやま
931m

日帰り

歩行時間＝6時間10分
歩行距離＝14.3km

技術度

体力度

コース定数＝30	
標高差＝778m	
累積標高差	↗1339m ↘1339m

登山口手前の田園から見る風倉山

中条《なかじょう》の町から胎内《たいない》スキー場に向けて移動すると、スキー場の刈り払われた斜面の尾根の背後に、緑の笠を伏せて置いてあるように見えるのが風倉山である。昔、修験者によって開山された信仰の山といわれている。古くから歩かれている一本《いっぽん》松《まつ》尾根コースを紹介する。

胎内スキー場風倉コース駐車場から歩きはじめると、南側にゲートがある舗装された林道がのびている。このまま鹿《しか》ノ俣《また》川左岸沿いに進むと**発電所**の建物が現れる。単調な林道だが、**山の神**の神社が見えると、ほどなく**鹿《しか》ノ俣《また》砂防ダム**に着く。

ダム上を行き、鉄筋のりっぱな橋を渡り終えた左側が**登山口**だ。一本松《いっぽんまつ》尾根といわれているが、標識はない。はじめから急登になるので、ゆっくり進もう。緩やかになり、松とブナの混合林をすぎ、急登を繰り返していくと山頂が見え隠れする。

急坂を登りきれば**西峰**だ。皇山《すめらやま》住《ずみ》神社の石碑と石の祠がある。その先の三角点までは足場の悪い道を注意しながら歩こう。**風倉山**山頂は2等三角点と、風倉主神宮の祠がある。飯豊《いいで》連峰の山々、杁差《えぶりさし》

■鉄道・バス
往路・復路＝中条駅からのアクセスはよくないので、タクシーを利用するか、マイカーが一般的。
■マイカー
日本海東北自動車道中条ICから国道

北峰から中峰と西峰を見る

風倉山から二王子岳を望む

CHECK POINT

1 鹿ノ俣林道入口から鹿ノ俣川左岸沿いの道を行く

2 山の神の鳥居。約10分で鹿ノ俣砂防ダムだ

3 砂防ダム先の長い橋の突き当たりが登山口

4 急坂を登っていけば、もうすぐ西峰に着く

5 西峰山頂には皇山住神社の石碑と石祠が建つ

6 飯豊連峰の山々や遠く朝日連峰も見わたせる風倉山山頂

岳《だけ》から門内岳《もんないだけ》、北股岳《きたまただけ》、大日岳《だいにちだけ》や、二王子岳《にのうじだけ》が見わたせ、遠くは朝日《あさひ》連峰、西には菅名岳《すがなだけ》、粟《あわ》ケ岳《たけ》と視界をさえぎる木々がなく、展望が広がる。

下山は胎内治水ダムコースは最近整備されていないので、一本松尾根を戻ることにしよう。

（早坂伸二）

7号、県道53号などで約18.5キロ。胎内スキー場風倉コース駐車場を利用する。トイレはない。

■登山適期

5月から11月が登山シーズン。5月上旬は上部に積雪が残っていることもあるので、注意が必要。11月に入るとみぞれになることもある。

■アドバイス

▽胎内治水ダムコースは、近年は登山道の整備が行われていないので、踏跡があっても使用しない方がよい。

▽夏の鹿ノ俣林道はアブが多いので対策が必要。

▽下山後の入浴は潮の湯温泉（☎0254・45・3070）や新胎内温泉（☎0254・48・2211）で。

■問合せ先

胎内市商工観光課☎0254・43・6111、中条タクシー☎0254・44・8888

■2万5000分ノ1地形図

中条・菅谷・杁差岳

58

日本一小規模な櫛形山脈を縦走する

櫛形山・鳥坂山

くしがたやま　568m
とっさかやま　438m

日帰り

歩行時間＝6時間5分
歩行距離＝10・1km

技術度

体力度

コース定数＝**26**

標高差＝364m

累積標高差 ↗1021m ↘1135m

右端が櫛形山、左端マイクロウェーブの右ピークが鳥坂山

櫛形山脈は飯豊《いいで》連峰を水源とする胎内《たいない》川と加治《かじ》川の間に連なり、直線距離で全長約14キロ、日本一小規模な山脈といわれている。主峰は中央部にある櫛形山で、北端の山城跡や空堀などの史跡が残り、国史跡文化財に指定されている白鳥山《しらとりやま》から南の大峰山《おおみねやま》まで縦走路が整備されている。ここでは大沢《おおさわ》尾根コースを登って、櫛形山から鳥坂山を結ぶ縦走コースを歩いてみよう。

国道7号の関沢《せきさわ》交差点を関沢方面に向かい、森林公園方面に進む。民家とゴルフ場の脇をすぎ、森林公園との分岐を右に入るとほどなく**関沢登山口駐車場**に着く。

身支度を整えて出発しよう。ゲートの背面に森林公園コースと合流する登山口がある。ゲートを越えて林道を5分ほど歩いた左手が大沢尾根コース登山口だ。階段を登り、緩やかな杉林を行く。雑木林になって、道が右に曲がると急な登りになり、30分ほどでブナ林になる。

やがて大峰山からの**縦走路分岐**をすぎ、両側にすらりとした心地よいブナ林の中を歩くとすぐに**櫛形山**山頂に着く。櫛形山脈の最高峰で、飯豊連峰や二王子岳《にのうじだけ》が見わたせる。

山頂から縦走路は北に続く。登り下りの連続となり、急な下りでは足もとに気をつけよう。40分ほどで**飯角《いいずみ》登山道分岐**の広場に着く。

その後も小ピークをいくつも越えて縦走路が続く。途中に植林地があり、そこをすぎた鞍部は日本

■鉄道・バス
往路・復路＝JR羽越本線中条駅が最寄り駅。入山口、下山口ともバス便はないので、タクシーを利用するか、徒歩となる。徒歩の場合は、入・下山口とも約1時間〜1時間30分の距離。

■マイカー
新潟方面からは国道7号の胎内市関沢交差点を右折。すぐ左手にある案内板にしたがい、林道を大沢尾根登山口駐車場へ。駐車場はゲート前の車道脇で、広いが未舗装。林道が通行止めの場合は、森林公園の駐車場に駐車して山の神経由で大沢尾根登山口駐車場へ出ることもできる。

■登山適期
ブナ林なので、残雪期からの新緑、そして秋の紅葉時期が映える。4月中旬〜6月、9〜10月がおすすめ。

■アドバイス
▽森林公園からは山の神または要害山を経由して櫛形山へ登ることができる。
▽縦走路の途中では、飯角登山口へ下りることができる。また、櫛形山山頂から縦走路を10分ほどの場所に市ノ沢分岐があり、森林公園へ下山できる。中ノ沢尾根コースで大沢尾根登山口駐車場に戻ることもできる。
▽登山道に水場はない。あらかじめ用意すること。
▽縦走路は小さなアップダウンがい

櫛形山山頂から二王子岳

白鳥山から北蒲原平野と日本海を俯瞰する

海側の展望が望むことができる休憩場所になっていて、ベンチも置かれている。

しばらく行くと樹木に囲まれた板入峰《いたいりみね》を越え、黒中コースの分岐をすぎると**ユズリハノ峰**だ。続いて緩やかな尾根を20分ほど登ると**鳥坂山**山頂に着く。

ここから下りとなる。途中、ガレ場となるので足もとに注意したい。マイクロウェーブのアンテナの脇を通るといったん車道に出るが、白鳥山方面への登山道を下る。**白鳥山**は鳥坂城跡でもあり、5つの空堀が残っている。あずまやの鳥坂城跡展望楼があり、日本海と北蒲原《きたかんばら》平野が一望できる。

展望を楽しんだら少し戻って下っていくと、30分ほどで**白鳥公園登山口**に出る。

（親松勝栄）

CHECK POINT

大沢駐車場、大沢尾根登山口はゲートの先

櫛形山山頂、飯豊連峰や二王子岳の眺望がよい

鳥坂山山頂。方位盤で山座同定を楽しんでいこう

鳥坂城跡展望楼。日本海や北蒲原平野が一望できる

くつもあるため、休憩時間も含めて、時間には充分な余裕をみておきたい。

▽白鳥公園登山口は、公園の駐車場奥にある。公園内に出る道もあり、トイレなどがある。

▽温泉施設に潮の湯温泉（☎0254・45・3070）、新胎内温泉（☎0254・48・2211）がある。

■問合せ先

胎内市商工観光課☎0254・43・6111、中条タクシー☎0254・44・8888

■2万5000分ノ1地形図

中条

高坪山

飯豊連峰や日本海の展望が魅力の穏やかな山

たかつぼやま
570m

日帰り

歩行時間＝2時間10分
歩行距離＝4・9km

技術度
体力度

コース定数＝11
標高差＝403m
累積標高差 530m 530m

↑あらかわ総合運動公園脇から高坪山を望む

←飯豊連峰見晴台から見る飯豊連峰

高坪山は荒《あら》川と胎内《たいない》川にはさまれた場所に位置する、家族連れでも気軽に登ることができる穏やかな山容の低山だ。しかし、標高は低くてもブナ林があり、飯豊《いいで》連峰の展望がよく、周回コースもあるので、低山逍遥するにはうってつけの山である。

村上《むらかみ》市梨木《なしのき》から入るコースを案内しよう。あらかわ総合運動公園を通りすぎ、奥へと進むと登山者用駐車場に着く。**登山口**は駐車場から奥へ5分ほど車道を歩いた右手にある。すぐに虚空蔵《こくぞう》山荘が現れ右手にトイレがある。杉並木を抜けると**虚空蔵平**に出る。

コースは虚空蔵コースと蔵王《ざおう》コースに分かれ、どちらのコースも周回して、同じ場所に戻れる。左手の虚空蔵コースを登

■**鉄道・バス**
往路・復路＝JR羽越本線坂町駅下車、登山口まで約3・5キロなので、徒歩で行くか、タクシー利用となる。

■**マイカー**
日本海東北自動車道路荒川胎内ICから国道113号を米沢方面へ向かい、村上市梨木のあらかわ総合運動公園の奥に登山者駐車場がある。駐車スペースは広い。

■**登山適期**
海岸平野部の山なので積雪は少ない。雪が消える3月中旬から雪が積もる12月ごろまでが適期。

■**アドバイス**
▽トイレは虚空蔵山荘前にあるが、あらかわ総合運動公園にも公衆トイレがあるので登山前後に利用できる。
▽周回コースはのんびりと山頂を目指すなら虚空蔵コースへ。早く山頂へ行きたいのであれば蔵王ルートを選ぶとよい。
▽虚空蔵峰からの荒島城ルートは荒島城跡へ下りるコースである。途中で貝附城跡を通る貝附山城コースと分かれる。
▽胎内市蔵王から登るコースもある。

■**問合せ先**
村上市荒川支所産業建設課☎0254・62・3105、坂町タクシー☎0254・62・2003、藤観光タクシー☎0254・50・5050

ろう。40分ほどで、奥《おく》の院《いん》の標識へ出る。3分ほど尾根から下りると石の祠でできた虚空蔵奥の院がある。

奥の院標識をすぎて緩やかな尾根を登ると**虚空蔵峰**に着く。荒島城コースの分岐点になっていて、右に行く。20分ほど歩いた場所に電波反射板と**飯豊連峰見晴台**があり、飯豊連峰や二王子岳《にのうじだけ》の眺めがすばらしい。高坪山の魅力のひとつで、ここで休憩する人も多い。

ブナ林になり、黒川《くろかわ》蔵王の分岐をすぎて進むと突然山頂広場に着いてしまう。**高坪山**山頂には高坪の鐘と地蔵が祀られている。ゆったりできる広場なので、日本海や田園地帯の広大な景観を存分に楽しもう。

下山は蔵王コースを下る。山頂直下は急坂なので、足もとに注意しよう。ブナ林をすぎると黒川《くろかわ》蔵王への分岐に出合う。続いて展望のよい休憩所に出る。ここをすぎ、ハシゴ風の階段を下りると熊ノ沢に出合う。沢を越えれば**虚空蔵平**に戻り着く。

（親松勝栄）

CHECK POINT

虚空蔵平。左の虚空蔵コースへ

虚空蔵峰。右に高坪山を目指す

飯豊連峰見晴台の反射板

黒川蔵王への分岐手前のブナ林を行く

高坪山山頂。高坪の鐘があり、地蔵が祀られている

黒川蔵王分岐からしばらく行くと展望がよい休憩所に着く

■2万5000分ノ1地形図
中条・坂町

60 田園風景が美しい1等三角点のふるさとの山へ

朴坂山

ほおざかやま
438m（1等三角点）

日帰り

歩行時間＝2時間55分
歩行距離＝5・2km

技術度
体力度

コース定数＝13
標高差＝400m
累積標高差 545m 545m

朴坂山は岩船《いわふね》郡関川《せきかわ》村の北西、女川《おんな》の右岸に位置している。標高は低いが、山頂には1等三角点の本点があり、小学唱歌の「ふるさと」の歌詞に出てくるような雰囲気の人気の山だ。山頂の展望台からは、眼下に関川村や村上《むらかみ》市の田園風景が広がり、光兎山《こうさぎさん》、鷲《わし》ヶ巣《す》山《やま》、飯豊《いいで》連峰などを見わたすことができる。

朴坂からの登山道は、昭和47年に地元の朴坂の集落の人たちが切り開いた。朴坂は朴坂山の東側にひっそりと寄り添っている小さな集落である。

国道113号から国道290号に入り、高田《たかだ》橋を渡ると、水田の向こうに朴坂山とそれに連なる嶽《たけ》薬師《やくし》が見えてくる。朴坂集落の奥まで進んだ朴坂山登山案内図が登山口の目印である。

登山口から右手に朴坂神社を見ながら杉林の緩やかな山道を歩いていく。20分ほどで小沢を渡るが、これが最後の水場だ。ただし、水量は少ないので当てにはできない。さらに10分ほど歩いて尾根に上がったところが**林道登山口分岐**である。登山道はしばらく急登が続くが、ブナ、ナラ、マンサク、ユズリハなどの広葉樹の中を歩くため、新緑の季節は特に気持ちよく歩ける。

50分ほどで**村界稜線**に着く。ここからコースを左にとれば、ほどなく**朴坂山**の山頂だ。1等三角点

■鉄道・バス
往路・復路＝JR米坂線越後下関駅から新潟交通観光バスに乗り、農協スタンド前下車。本数が少ないため、マイカー利用者が多い。

■マイカー
国道113号から、関川村大島で国道290号に入り、女川沿いに北上。途中、桂集落にいたる桂橋をすぎ、さらに500メートルほど進んだところで朴坂橋を渡り、朴坂の集落に入る。登山口には駐車場がなく、地元の人たちに迷惑がかからないよう、登山案内図看板脇の空きスペースに駐車したい。

■登山適期
5〜6月は残雪を頂く朝日・飯豊連峰を見ることができる。また、田植えの季節には田に水が張られ、春の陽光にキラキラと輝く水田の風景が、忘れていた故郷の山を思い出させてくれる。紅葉シーズンもおすすめ。

■アドバイス
▽紹介したルート以外に、桂集落からサンバクラ山を経由して山頂にいたるコースもある。しかし、急登が続き、登山口と下山ルートに標識がないのでおすすめできない。
▽近くに嶽薬師（387メートル）があり、神林村小岩内から1時間程度で頂上に行ける。朴坂山からの縦走路もある。
▽近くにえちごせきかわ桂の関温泉（☎0254・64・1726）があ

展望台から飯豊方面を望む。春から初夏にかけて、残雪の飯豊連峰が見わたせる

遠方より望む朴坂山。一面に広がる田園風景と新緑の山々がのどかな原風景を感じさせる

CHECK POINT

1 登山口にある案内図。コースを確認してから登ろう。イラストにも注目

2 林道登山口分岐。ここまでの道はよく整備されており、迷う心配も少ない

3 村界稜線へ出ると、荒川の下流を眼下に望む。天気がよいと日本海までが一望できる

4 山頂は木々に囲まれ、ひっそりとしている。眺めを楽しむためには展望台を利用したい

の標識と標石が立っている。光兎山や飯豊連峰など、時間の許す限り遠望していこう。東側眼下には女川沿いの集落と、荒川両岸の集落が一望でき、5月上旬には水田に水が張られ、キラキラと輝く様子が美しい。山頂近くには祠のある広場があり、大人数での休憩

る。

■問合せ先 関川村役場☎0254・64・1441、新潟交通観光バス下関営業所☎0254・64・1102

■2万5000分ノ1地形図 越後下関

もできる。

下山は往路を引き返そう。

（菅野公一・今井　顕）

61 光兎山

伊能忠敬が測量、測点した山

こうさぎさん 966m

日帰り

歩行時間＝5時間55分
歩行距離＝10・5km

技術度

体力度

コース定数＝26	
標高差＝799m	
累積標高差	↗1110m ↘1110m

←雷峰より光兎山を望む

←光兎山より登山道、関川盆地、日本海を望む

雷峰より飯豊連峰を望む

光兎山は雪解けのころ、山頂直下に立ち兎の雪形が現れる。861（貞観3）年、天台宗の座主・慈覚大師によって開山され、戦前まで女人禁制の山であった。荒《あら》川沿いから望むと、ピラミッドの形をしてひときわ目立ち、山頂からは飯豊《いいで》・朝日《あさひ》連峰などの展望がすばらしい。

関川《せきかわ》村内《うち》を通過する国道113号から荒川沿いで交差する国道290号に入り、荒川を渡って女《おんな》川沿いにある中束《なかまるけ》集落に向かう。中束バス停をすぎ、藤沢《ふじさわ》川の橋を渡ると光兎山の標識がある。そこから林道を進むと**中束登山口**に着く。登山口近くに車5～6台が置けるスペースがある。

登山口から杉とアカマツ林の緩い尾根をしばらく登ると**千刈《せんがり》コースと合流**する。ブナ林が出はじめて、しばらく行くと虚空蔵菩薩が祀られる**虚《こ》空蔵峰《くぞうみね》**に着く。ここで関川《せきかわ》盆地や日本海の展望が開けるが、光兎山は見えない。

虚空蔵峰から樹齢の若いブナ林の中をいったん下り、登り返すと**観音峰《かんのんみね》**に到着する。

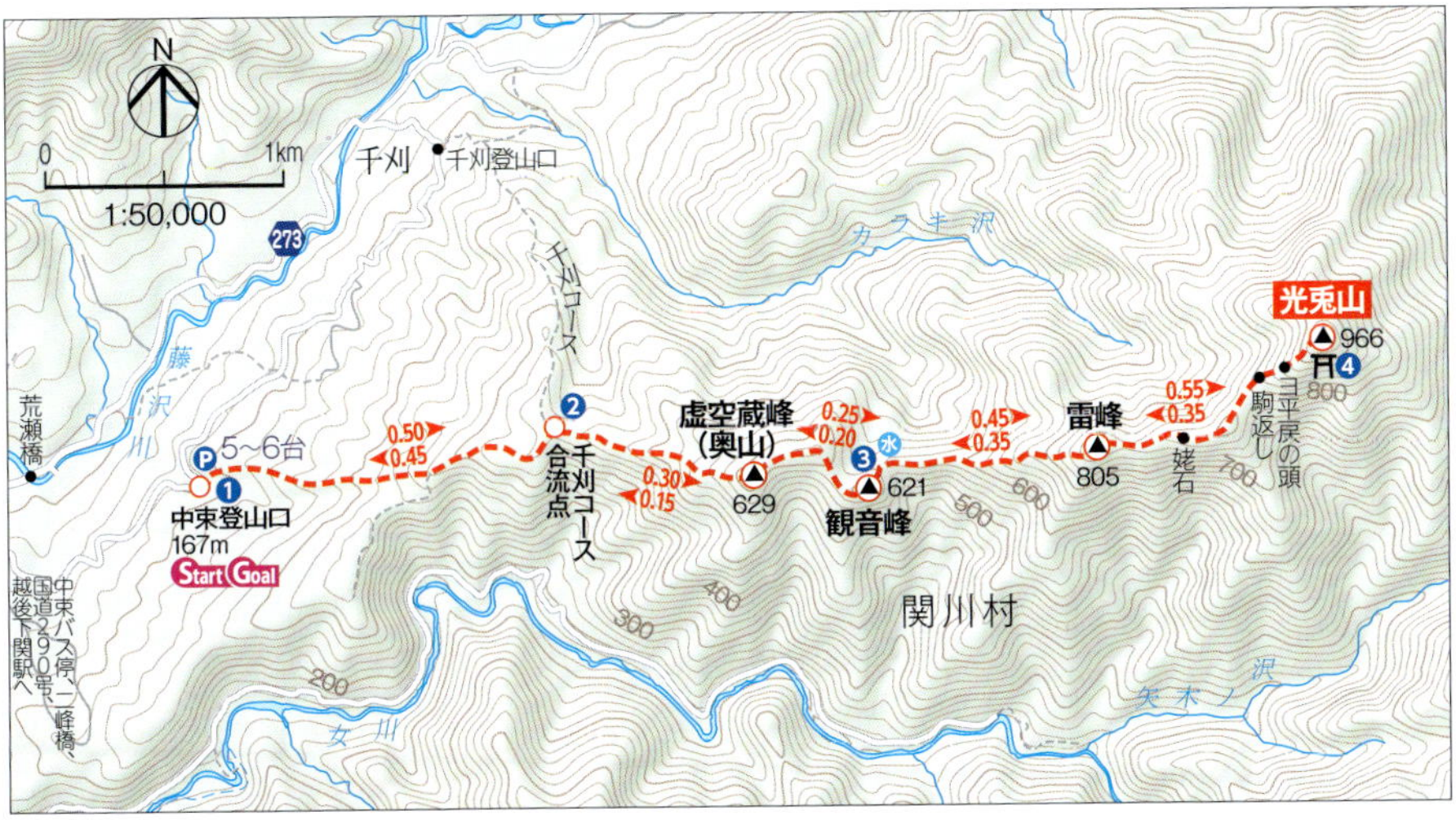

ここではじめて光兎山が望まれる。この周辺からカラキ沢斜面にブナの大木が見られるようになる。女川側は崖となっているので注意しよう。

　しばらく登っていくとブナ林を抜け、雷峰《いかずちみね》に到着する。前方にピラミッドの形にそびえる光兎山が望まれる。

　このあと、ヨ平戻《だいらもどし》の頭をすぎ、しばらく行くと最後の登りになる。しだいに傾斜が緩やかになると、ほどなく**光兎山**山頂だ。小さな鳥居と祠が建っている。展望は申し分なく、日本海から飯豊・朝日連峰など360度の眺望である。

　展望を楽しんだら、往路を戻る。

（佐々木 満）

CHECK POINT

1

中束コースの登山口からは杉とアカマツの尾根を行く

2

左から千刈コースと合流するとブナ林が出てくる

3

ブナ林の道をいったん下り、登り返すと観音峰に到着する

4

光兎山山頂の鳥居と祠。日本海や飯豊・朝日連峰がみごと

■鉄道・バス
往路・復路＝JR米坂線越後下関駅下車。バスは下関営業所（越後下関駅近く）から中束行きがあるが便数は少なく、土・日曜は運休。

■マイカー
日本海東北自動車道荒川胎内ICから国道113号、290号で約22キロ。

■登山適期
▽積雪期以外は登山が可能。5月の新緑、10月中～下旬の紅葉のころが特によい。

■アドバイス
▽水場は観音峰先の鞍部から下り5分ほどのところにあるが、登る前に水筒を満たしておこう。
▽登山コースは中束登山口と千刈登山口からの2コースがある。千刈コースの方が時間・距離とも若干短い。
▽関川村周辺には、高瀬温泉、鷹の巣温泉、雲母温泉、湯沢温泉、桂の関温泉（ゆ～む）がある。

■問合せ先
関川村役場総務政策課☎0254・64・1441、新潟交通観光バス下関営業所☎0254・64・1102、荒川タクシー☎0254・64・1042

■2万5000分ノ1地形図
越後下関・舟渡

62 朝日・飯豊連峰の雄大な眺望を楽しむ

鷲ヶ巣山

わしがすさん　1093m

日帰り

歩行時間＝8時間15分
歩行距離＝12.5km

技術度
体力度

コース定数＝39
標高差＝1019m
累積標高差　1880m　1880m

村上《むらかみ》市付近から望むと、2つの鋭鋒がそびえ立ち、「二子山《ふたごやま》」ともよばれ、遠くからでもひと目でわかるのが鷲ヶ巣山だ。古来より山岳信仰の山として、山頂の奥の院に鷲ヶ巣大権現、中ノ岳《なかだけ》に薬師如来、前ノ岳《まえだけ》に地蔵菩薩尊が祀られている。

1000㍍級の低山だが、連続した急登の登り下りは厳しい。しかし、頂上からの朝日《あさひ》・飯豊《いいで》連峰の雄大な眺望は疲れを吹き飛ばしてくれるほどにすばらしく、一度は登りたい県北の秀峰だ。

縄文《じょうもん》の里《さと》・朝日《あさひ》から林道沼田《ぬまた》線を500㍍ほど進んだ左手が**登山口**。杉林の中を20分ほどでタケン沢に出合う。登拝者たちにウガイ場といわれた休み場である。この先の水場はあてにできないため、ここで水を補給しよう。

雑木林の急登がはじまるが、登山道の両脇に春にはイワウチワの群生が出迎えてくれる。1時間ほどの急登で、**鷲ヶ巣山避難小屋**に着く。小屋上部の水場は枯れていることが多い。

さらにブナ林の急登を20分ほどで**前ノ岳**の頂上である。朝日連峰と三面《みおもて》貯水池、南面には光兎山《こうさぎさん》、飯豊《いいで》連峰の眺望が楽しめる。

前ノ岳からは約130㍍ほど下り、小ピークを越え、中ノ岳までは約250㍍の登りになる。帰路も考えたペース配分で歩こう。**中ノ岳**は、登山道から左へ少し入ったところにあり、薬師如来を祀った石の祠がある。

中ノ岳から大日様《だいにちさま》（1004㍍）

↑前ノ岳から、左に中ノ岳、すぐ右奥に大日様、右後方に鷲ヶ巣山の鋭鋒が美しくそびえる

←鷲ヶ巣山から村上市街と日本海を見る。粟島やたどってきた険しい道もはっきり見える

■**鉄道・バス**
往路・復路＝JR奥羽本線村上駅から新潟交通観光バス縄文の里・朝日行きに乗り、終点で下車。

■**マイカー**
国道7号から三面ダムに向かい、縄文の里・朝日の駐車場を利用。日本海東北自動車道朝日三面ICから約12キロ。

■**登山適期**
新緑と紅葉の季節。特に、5月は飯豊・朝日連峰の残雪が白く輝き、すばらしい眺望が広がる。四季を問わず美しいブナ林も見どころ。夏場は暑く、水場がないのでおすすめできない。

■**アドバイス**
▽アップダウンが多い山であり、行動時間も長く、健脚向きである。朝はできるだけ早く出発して余裕をみたい。ヘッドランプは必携。

を越え、鷲ヶ巣山までは長い登り下りが続く。**鷲ヶ巣山**の頂上には岩崩《いわくずれ》集落の人たちが奉納した鷲ヶ巣神社の祠がある。朝日連峰の眺望が特にすばらしく、今までの苦労を忘れさせてくれるだろう。

下山は往路を戻るが、時間がかかるので早めに下りたい。

（今井　顕・菅野公一）

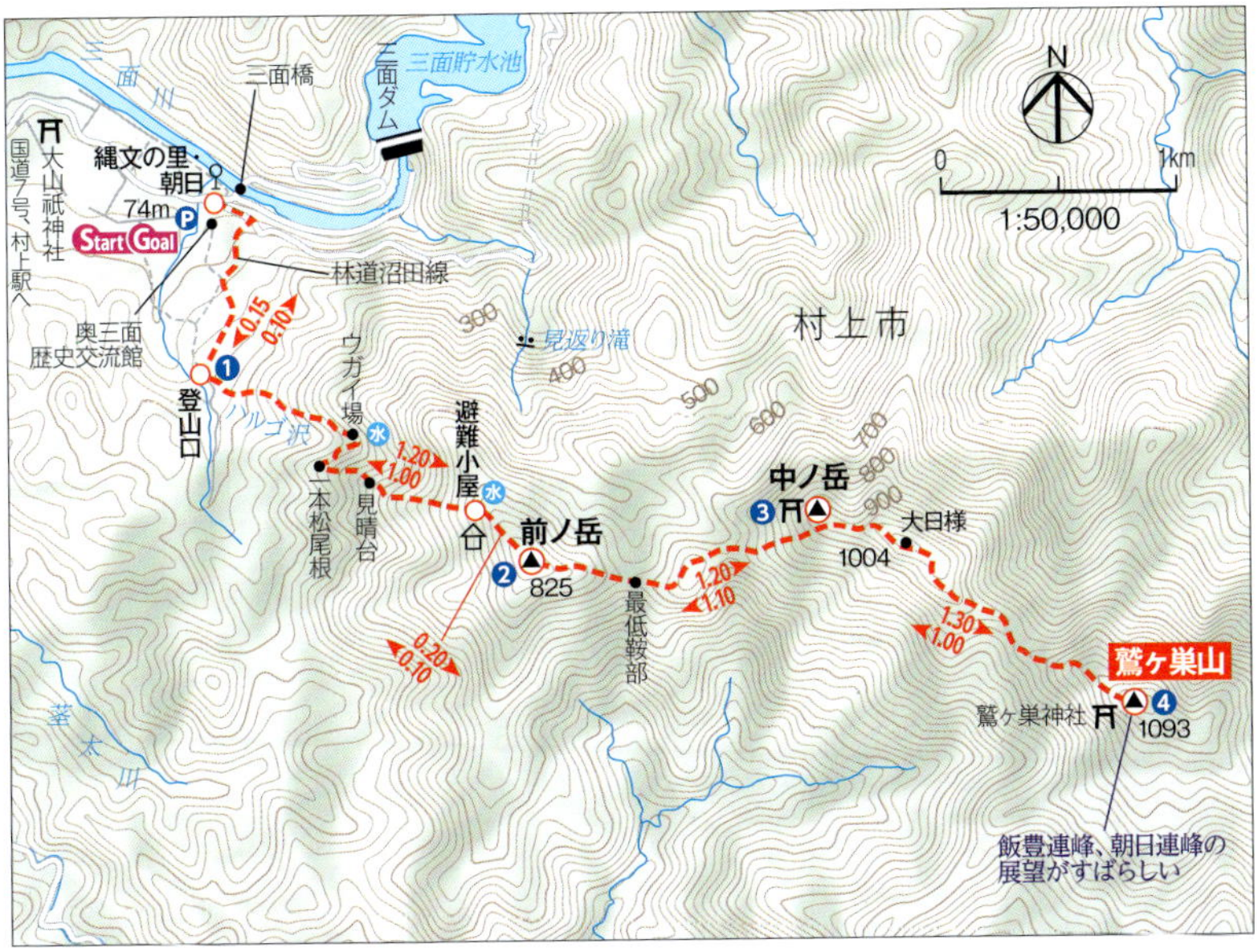

CHECK POINT

鷲ヶ巣山登山口

前ノ岳から見る三面貯水池

中ノ岳山頂に建つ石祠

鷲ヶ巣山頂上の祠

鷲ヶ巣山山頂からは、東に朝日連峰（上）、南に飯豊連峰（下）と、すばらしい眺望が一度に楽しめる

▽ウガイ場（水場）より上部の水場はいずれも夏場は枯れていることが多くあてにできない。夏場は充分な水を持参したい。

▽避難小屋は小さく、老朽化が進んでいるため、中に入ることはできない。

▽近くに二子島森林公園キャンプ場があり、気軽にアウトドアライフを楽しむのに便利である。

▽温泉は、朝日まほろば温泉（☎0254・72・6627）、朝日きれい館（☎0254・60・2010）などが利用できる。

▽梅雨から夏にかけては登山口から尾根に上がるまでの沢沿いにヤマビルがいる。塩などの対策が必要。

▽登山口への途中左手の杉林の中には、「朝日村銘木100選」に選ばれたりっぱなトチの木がある。

「朝日村名木百選」のトチの大木

■問合せ先
村上市朝日支所☎0254・72・6883、新潟交通観光バス村上営業所☎0254・53・4161

■2万5000分ノ1地形図
越後門前・三面

63 葡萄山脈の最高峰でブナの原生林を楽しむ

新保岳

しんぼだけ 852m（1等三角点）

日帰り

歩行時間＝2時間
歩行距離＝2・5km

技術度

体力度

コース定数＝8

標高差＝367m

累積標高差 380m 380m

大須戸方面より新保岳を見る。林道が横断している

新保岳は新潟県の北端、村上《むらかみ》市旧朝日《あわひ》村と旧山北《さんぽく》町の境界に位置し、葡萄《ぶどう》山脈の最高峰である。塩《しお》野《の》町から日本海側の浜新保《はましんぼ》までの林道工事が進み、新保岳の登山道中腹に林道が横断しているが、中間点付近は急峻なため、全通にはまだ時間がかかるようだ。

新潟市方面からは、日本海東北道朝日まほろばICから国道7号を北上する。道の駅「朝日」をすぎ、塩野町集落を越えて500㍍ほど行くと、新保岳登山口の標識が見える。そこを左折して林道新保岳線を進み、塩野町川《かわ》橋、赤沢《あかざわ》橋を渡ると旧登山口に着く。ここには「立入禁止 登山道入口はこの林道3・5キロ先」の看板が立っている。旧道は未整備で廃道になっている。

林道中間の**新登山口**から登山道になる。新保岳案内板脇の駐車場に車を停め、新保岳入口の階段から登っていく。

歩きはじめは木の根がからみあう急な登りが続く。ロープなどを使い、足もとを確認しながら歩こう。やがてブナの木々が見えはじめ、春はイワウチワ、タムシバ、初夏はミツバツツジが美しい。

ブナ平～山頂間では「新潟県ブナ林100選」のみごとなブナの森が見られる

■鉄道・バス
往路・復路＝JR羽越本線村上駅から新潟交通バスで塩野町車庫前下車。登山口までタクシーなどを利用する。

■マイカー
日本海東北自動車道朝日まほろばICから国道7号を山形方向へ約10分進み、登山口標識を左折、林道新保岳線6キロで登山口。駐車場は10台ほどの広さ。

■登山適期
積雪期以外は登山可能。新緑は5、6月。紅葉は10月下旬～11月上旬。

■アドバイス
▽旧登山道は廃道になり通行不可。林道中間にある新登山口からは手軽にブナ林の魅力を満喫できる。
▽山麓の大須戸集落に伝わる大須戸能は新潟県の無形文化財に指定。毎年4月に定期能、8月にはみどりの里で薪能が演じられている。
▽林道沿道に塩野町大津見神社、大山祇神社などの見どころがある。
▽山麓の温泉は道の駅「朝日みどりの里のまほろば温泉」（☎0254・72・6627）、瀬波温泉龍泉（☎0254・52・5251）など。

■問合せ先
村上市朝日支所☎0254・72・6883、新潟交通観光バス村上営業所☎0254・53・4161、瀬波タクシー☎0254・53・2187

40分ほどで**見晴台**に着く。この先、緩い傾斜の登りが続き、ブナの原生林が広がる。さまざまな樹形が見られ、新緑・紅葉時期は特に美しい。

ほどなく新潟県の「ブナ林100選」に選ばれたブナ平にさしかかる。このあたりには塩野町小学校「植樹の森」があり、ブナの苗木の植樹登山が行われている。

ブナ林が途切れ、最後にひと登りすると**新保岳**に到着だ。頂上はあまり広くないが、日本海に浮ぶ粟島《あわしま》、朝日《あさひ》連峰、飯豊《いいで》連峰などが展望できる。ただし、木々の繁るころは眺望がさえぎられる場所もある。

山頂からの下りは往路を戻る。

（斎藤幸子）

■2万5000分ノ1地形図
葡萄

頂上から眼下に粟島を望む

新登山口から塩野町集落、鷲ヶ巣山方向

CHECK POINT

新登山口案内板。この前に駐車場あり

新保岳入口。登山届箱がある

ブナ平近くの塩野小学校植樹の森

1等三角点の新保岳頂上

64

日本海と越後山脈を望む歴史多い山

日本国

にほんこく
555m

日帰り

歩行時間＝3時間40分
歩行距離＝5・0km

技術度

体力度

コース定数＝14	
標高差＝455m	
累積標高差	↗510m ↘510m

麓から見た日本国、海岸からもよく見える

尾根道から朝日連峰が見える。冬期に山々が真っ白になるといっそう美しく見える

新潟県と山形県の県境にあり、山名の由来は諸説あるが、大和朝廷の「日本国」に由来するとか、将軍が鷹を献上されて、「捕れた山を日本国と名づけよ」ということからとか、さまざまだ。麓にはかつての出羽《でわ》街道が通り、古くは大和朝廷と蝦夷の戦いや戊申戦争などの史跡も多い。また、松尾芭蕉の「奥の細道紀行」の際、山形から堀切《ほりきり》峠を越して越後に入ったとか、出羽三山への信者の宿場街して栄えたこともあったという。

登山道には旧小俣《おまた》小学校コースと蔵王堂《ざおうどう》コースがあるが、ここでは一般的な旧小俣小学校前から登り、蔵王堂へ下るコースを紹介しよう。**日本国麓《ふもと》郵便局前バス停**が起点となる。

小俣登山口から鳥居をくぐり、登りはじめるとまもなくラジウム清水がある。さらにジグザグの道を登るとベンチのある**松ヶ峰《まつみね》広場**に着く。ここからは若いブナ林が続き、春の新緑はすばらしく、風もさわやかだ

やがて左に粟島《あわしま》を望む**沖見《おきみ》休憩所**に着く。さらに左に頂上、右に朝日《あさひ》連峰を見ながらひとがんばりであずまやがある**蛇逃《じゃのげ》峠**だ。展望がすばらしい。

鷹待場《たかまちば》を通り、最後の登りで**日本国**頂上の広場に着く。休憩小屋と展望台がある。粟島が府屋《ふや》の街並み越しに見えるが、飯豊《いいで》、朝日、鳥海《ちょうかい》などの山々は回りの木々が大きくなり見え難くなってきた。

下山は途中の**蛇逃峠**の分岐から蔵王堂登山口へ下る。往路より少し急で、木の根も多く、濡れているときは気をつけよう。林の中を下り、左下に田圃が見えてくると、まもなく蔵王堂で祠がある。今日

■**鉄道・バス**
往路・復路＝JR磐越本線府屋駅から雷行きバスに乗り日本国麓郵便局前バス停で下車。バスは本数が少ないのでタクシーを利用するのが望ましい。

■**マイカー**
日本海東北自動車道まほろばICで下りて、国道7号を鶴岡方面へ北上、府屋入口で右折、山北関川線に沿って小俣へ向かう。登山口に休憩舎とトイレがある。

■**登山適期**
5月から11月。新緑、紅葉時期が最適。

■**アドバイス**
▽山の下の方は杉林で、登るにした

CHECK POINT

1 コース案内と登頂証明書発行の看板が日本国の人気を盛り上げている

2 疲れたころに出合うあずまやは、気配りを感じさせる

3 頂上はちょっとした広場だ。粟島や日本海の展望がすばらしい

4 蛇逃峠に戻り、林の中の道をゆっくり下って蔵王堂口へ

の無事を感謝しよう。**蔵王堂登山口**はすぐそばだ。

白山神社の1200年を超える姥杉を見てもよし、小俣集落の町並みをゆっくり見学して**小俣登山口**に戻ろう。（柴田 豊）

山頂からは日本海と粟島が一望できる。府屋の街並みも箱庭のようだ

がってブナ林が主になってくる。このブナはまだ若く、幹も細く背も低い。しかし新緑や紅葉はすばらしい。また、斜面には桜も多く、春の花の時期も楽しめる。

▽登山道や山頂周辺の木々が成長するにしたがって、展望が難しくなってきている。展望を楽しむなら葉がまだ開かない春、葉が落ちた秋が最適だ。

▽ツバキやカタクリの花も時期にあわせれば楽しめる。

▽登山コースは特に危険なところはないが、雨中・雨後は、土や木の根がすべるので気をつけたい。

▽5月5日は山開きで、小俣集落では家を開放して古い歴史を感じさせてくれる。歩きながら屋号を読んで連想するのもおもしろい。

小俣集落全部の家に屋号がついている。読むのも楽しいものだ

■問合せ先
村上市役所山北支所☎0254・77・3115、日本国を愛する会☎0254・76・2221、小俣ふるさと楽校☎0254・76・2034

■2万5000分ノ1地形図
鼠ヶ関

●著者紹介

上越の山

旧版までの著者グループだった久比岐ネイチャーフォトグラファーズの構成メンバーとその会友によって取材・執筆。久比岐ネイチャーフォトグラファーズは1984年に結成。新潟県上越地域の山を中心に撮影山行を続けている同人グループ。ほかに初版の故・斉藤八朗さん担当のコースについては、栂海山荘の管理・運営を継承している栂海岳友会の靍本修一さんに校閲をいただいた。

執筆者とコース **陶山 聡**／妙高山 **石倉敏之**／火打山 **中田良一**／金山 **高野邦夫**／雨飾山・駒ヶ岳・戸倉山・鉾ヶ岳・権現岳 **朝比奈信男**／青田南葉山 **宮崎 研**／黒倉山・鍋倉山 **水野泰一**／菱ヶ岳 **桑原富雄**／米山 **斉藤八朗（校閲：靍本修一）**／白鳥山・栂海新道・黒姫山

中越の山

十日町おだまき山の会　新潟県十日町市にある山岳会。日本勤労者山岳連盟傘下、新潟県勤労者山岳連盟に所属。2022年（令和4年）には創立42周年を迎え、会員は地元・十日町市を中心に、関東に在住する会員も数名所属。活発な山行を続けている。

執筆者とコース **小堺和久**／刈羽黒姫山・小松原湿原・稲包山・茂倉岳 **漆崎隆之**／苗場山①・②・③・飯士山・巻機山・金城山・八海山②・平ヶ岳・丹後山・中ノ岳・浅草岳①・② **高橋英夫**／平標山・仙ノ倉山・守門岳 **羽鳥 勇**／万太郎山・大源太山・七ツ小屋山・荒沢岳・唐松山・下権現堂山・粟ヶ岳 **渡辺素子**／飯士山・巻機山・平ヶ岳 **高橋周一**／八海山①・越後駒ヶ岳 **徳永多恵子**／未丈ヶ岳・鋸山 **今井里子**／唐松山・下権現堂山・粟ヶ岳

下越の山

三菱ガス化学山岳部　三菱ガス化学新潟工場の職域山岳会。県内外の低山から高山まで幅広く活動している。特に下越の山々や飯豊山を得意とする。今回の執筆・取材には、現役会員とともに、退職後も身近な山を中心に登山活動を続けるOB会員も参加している。

執筆者とコース **立山 豊**／金北山・金剛山 **平松敏彦**／角田山・弥彦山 **塩田 誠**／御神楽岳 **本間 博**／白山 **杉田卓也**／大蔵山・菅名岳 **杉田将紀**／大蔵山・菅名岳 **堀内 晃・今井 顕**／大蔵山・菅名岳・朴坂山・鷲ヶ巣山 **今井 顕**／菱ヶ岳・五頭山・松平山・二王子岳 **早坂伸二**／蒜場山・風倉山 **親松勝栄**／焼峰山・櫛形山・鳥坂山・高坪山 **佐々木 満**／杁差岳①・②・飯豊連峰・光兎山 **菅野公一**／朴坂山・鷲ヶ巣山 **斎藤幸子**／新保岳 **柴田 豊**／日本国

分県登山ガイド16

新潟県の山

2018年11月1日 初版第1刷発行
2022年3月10日 初版第2刷発行

著者 ―― 陶山 聡・石倉敏之・中田良一・高野邦夫
朝比奈信男・宮崎 研・水野泰一・桑原富雄
斉藤八朗
十日町おだまき山の会・三菱ガス化学山岳部

発行人 ―― 川崎深雪

発行所 ―― 株式会社 山と溪谷社
〒101-0051
東京都千代田区神田神保町1丁目105番地

■乱丁・落丁のお問合せ先
山と溪谷社自動応答サービス　TEL03-6837-5018
受付時間／10:00-12:00、13:00-17:30（土日、祝日を除く）

■内容に関するお問合せ先
山と溪谷社　TEL03-6744-1900（代表）

■書店・取次様からのご注文先
山と溪谷社受注センター
TEL048-458-3455　FAX048-421-0513
https://www.yamakei.co.jp/

印刷所 ―― 大日本印刷株式会社
製本所 ―― 株式会社明光社

●編集
WALK CORPORATION
皆方久美子

●ブック・カバーデザイン
I.D.G.

●DTP
WALK DTP Systems
水谷イタル　三好啓子

●MAP
株式会社 千秋社

ISBN978-4-635-02046-6

●乱丁、落丁などの不良品は送料小社負担でお取り替えいたします。
●定価はカバーに表示してあります。

■本書に掲載した地図は、国土地理院長の承認を得て、同院発行の数値地図（国土基本情報）電子国土基本図（地図情報）、数値地図（国土基本情報）電子国土基本図（地名情報）、数値地図（国土基本情報）基盤地図情報（数値標高モデル）及び数値地図（国土基本情報20万）を使用したものです。（承認番号 平30情使、第548号）

■各紹介コースの「コース定数」および「体力度のランク」については、鹿屋体育大学教授・山本正嘉さんの指導とアドバイスに基づいて算出したものです。

■本書に掲載した歩行距離、累積標高差の計算には、DAN杉本さん作製の「カシミール3D」を利用させていただきました。